CW01313192

Meow

A Feline Romance Comedy Novella

Anson Yau

© Copyright 2024 - All rights reserved.

The content contained within this book may not be reproduced, duplicated nor transmitted without direct written permission from the author or the publisher.

Under no circumstances will any blame or legal responsibility be held against the publisher, or author, for any damages, reparation, or monetary loss due to the information contained within this book, either directly or indirectly.

Legal Notice:

This book is copyright protected. It is only for personal use. You cannot amend, distribute, sell, use, quote or paraphrase any part, or the content within this book, without the consent of the author or publisher.

Disclaimer Notice:

Please note the information contained within this document is for educational and entertainment purposes only. All effort has been executed to present accurate, up to date, reliable, complete information. No warranties of any kind are declared or implied. Readers acknowledge that the author is not engaged in the rendering of legal, financial, medical or professional advice. The content within this book has been derived from various sources. Please consult a licensed professional before attempting any techniques outlined in this book.

By reading this document, the reader agrees that under no circumstances is the author responsible for any losses, direct or indirect, that are incurred as a result of the use of the information contained within this document, including, but not limited to, errors, omissions, or inaccuracies.

Bluesource And Friends

This book is brought to you by Bluesource And Friends, a happy book publishing company.

Our motto is **"Happiness Within Pages"**

We promise to deliver amazing value to readers with our books.

We also appreciate honest book reviews from our readers.

Connect with us on our Facebook page www.facebook.com/bluesourceandfriends and stay tuned to our latest book promotions and free giveaways.

Contents

Preface....................5
Chapter 1: Meow Meow....................6
Chapter 2: Meow Meow Meow-Meow....................13
Chapter 3: Meoooow Meow Meow....................26
Chapter 4: Meow Meow-MEOW....................36
Chapter 5: Meoooow Meow Meow....................47
Chapter 6: Meow....................57
Chapter 7: Meow?....................68
Chapter 8: Mmmmeow....................83
Chapter 9: Meow-meow Meow!....................99

Preface

In the whimsical world of Whiskeropolis, where every conversation is a playful meow, two charming felines find themselves tangled in a romantic comedy of epic proportions. Meow, a suave tomcat with a penchant for adventure, crosses paths with the enchanting Meow-meow, whose mysterious allure is matched only by her sharp wit. As they navigate the ups and downs of feline friendship, love, and mischief, their meow-filled escapades promise laughter, love, and an unforgettable meow-venture. Join Meow and Meow-meow in a purr-fectly hilarious tale where every "meow" tells a story!

Easter egg: can you find the imposter in the book?

Chapter 1: Meow Meow

Meow-meow. Meow meow meow meow-meow. Meoooow meow, meow meow meow-meow. Meow? Meow meeeow... Meow!

"Meow-meow, meow-meow meow," meowed meow, meow meow meow MEOW!

"Meow-meow meow," meowed meow, "meow meow meow."

MEOW-MEOW meow, meow meow-meow. Meow-meow, meow-meow meow meow. Meoooow, meow meow meow.

"MEOW!" meow meow meow, meow meow meow-meow, meow meow.

Meow meow meow, meow-meow meow meow. Meow, meow-meow meow meow. Meoooow meow, meow meow meow-meow. Meow-meow! Meow meow meow, meow meow-meow. "Meow meow," meowed meow, "meow-meow MEOW." Meoooow meow, meow meow-meow. Meow meow meow meow, meow-meow meow. Meow meow meow, meow-meow meow.

"Meow meow-meow," meowed meow, "meow meow meow."

"Meowww," meowed meow, "meow-meow meow meow."

Meow meow meow meow..

Meow-meow. Meow meow meow meow-meow. Meoooow meow, meow meow meow-meow. Meow? Meow meeeow... Meow!

"Meow-meow, meow-meow meow," meowed Meow, "meow meow meow MEOW!"

"Meow-meow meow," meowed Meow, "meow meow meow."

MEOW-MEOW meow, meow meow-meow. Meow-meow, meow-meow meow meow. Meoooow, meow meow meow.

"MEOW!" meowed Meow, "meow meow meow-meow, meow meow."

Meow meow meow, meow-meow meow meow. Meow, meow-meow meow meow. Meoooow meow, meow meow meow-meow.

Meow-meow! Meow meow meow, meow meow-meow. "Meow meow," meowed Meow, "meow-meow MEOW." Meoooow meow, meow meow-meow. Meow meow meow meow, meow-meow meow. Meow meow meow, meow-meow meow.

"Meow meow-meow," meowed Meow, "meow meow meow."

"Meowww," meowed Meow, "meow-meow meow meow."

Meow meow meow meow... Meow-meow meow meow. Meow meow, meow meow meow meow. Meooow meow, meow-meow meow. "MEOW?" meowed Meow. "Meow meow-meow."

"Meow meow," meowed Meow, "meow-meow meow meow."

"Meoooow," meowed Meow, "meow meow meow-meow."

Meow-meow meow, meow meow meow. MEOW! Meow meow meow, meow-meow meow. Meoooow meow, meow meow-meow. Meow meow meow meow, meow-meow meow. "Meow meow-meow," meowed Meow, "meow meow meow."

"Meowww," meowed Meow, "meow-meow meow meow."

Meow meow meow meow... Meow meow meow, meow-meow meow meow. Meoooow meow meow meow-meow. Meow meow meow meow meow, meow-meow meow. "Meow-meow meow meow," meowed Meow, "meow meow meow MEOW."

"Meow-meow meow," meowed Meow, "meow meow meow." MEOW-MEOW meow, meow meow-meow. Meow-meow, meow-meow meow meow. Meoooow, meow meow meow. "MEOW!" meowed Meow, "meow meow meow-meow, meow meow." Meow meow meow, meow-meow meow meow. Meow, meow-meow meow meow. Meoooow meow, meow meow meow-meow.

Meow-meow! Meow meow meow, meow meow-meow. "Meow meow," meowed Meow, "meow-meow MEOW."

Meoooow meow, meow meow-meow. Meow meow meow meow, meow-meow meow. Meow meow meow, meow-meow meow.

"Meow meow-meow," meowed Meow, "meow meow meow."

"Meowww," meowed Meow, "meow-meow meow meow."

Meow meow meow meow...

Meow-meow meow meow. Meow meow meow-meow, meow meow. "Meow-meow," meowed Meow, "MEOW!"

"Meooow," meowed Meow, "meow-meow meow."

Meow meow meow, meow meow-meow. Meow meow, meow meow meow meow. Meooow meow, meow-meow meow.

"MEOW?" meowed Meow. "Meow meow-meow."

"Meow meow," meowed Meow, "meow-meow meow meow."

"Meoooow," meowed Meow, "meow meow meow-meow."

Meow-meow meow, meow meow meow. MEOW! Meow meow meow, meow-meow meow. Meoooow meow, meow meow-meow. Meow meow meow meow, meow-meow meow.

"Meow meow-meow," meowed Meow, "meow meow meow."

"Meowww," meowed Meow, "meow-meow meow meow."

Meow meow meow meow... Meow meow meow, meow-meow meow meow. Meoooow meow meow meow-meow. Meow meow meow meow meow, meow-meow meow. "Meow-meow meow meow," meowed Meow, "meow meow meow." Meow-meow. Meow meow meow meow-meow. Meoooow meow, meow meow meow-meow. Meow? Meow meeeow... Meow!

"Meow-meow, meow-meow meow," meowed Meow, "meow meow meow MEOW!"

"Meow-meow meow," meowed Meow, "meow meow meow."

MEOW-MEOW meow, meow meow-meow. Meow-meow, meow-meow meow meow. Meoooow, meow meow meow. "MEOW!" meowed Meow, "meow meow meow-meow, meow meow." Meow meow meow, meow-meow meow meow. Meow, meow-meow meow meow. Meoooow meow, meow meow meow-meow. Meow-meow! Meow meow meow, meow meow-meow. "Meow meow," meowed Meow, "meow-meow MEOW."

Meoooow meow, meow meow-meow. Meow meow meow meow, meow-meow meow. Meow meow meow, meow-meow meow.

"Meow meow-meow," meowed Meow, "meow meow meow."

"Meowww," meowed Meow, "meow-meow meow meow."

Meow meow meow meow... Meow-meow meow meow. Meow meow, meow meow meow meow. Meooow meow, meow-meow meow. "MEOW?" meowed Meow. "Meow meow-meow." "Meow meow," meowed Meow, "meow-meow meow meow." "Meoooow," meowed Meow, "meow meow meow-meow." Meow-meow meow, meow meow meow. MEOW! Meow meow meow, meow-meow meow. Meoooow meow, meow meow-meow. Meow meow meow meow, meow-meow meow.

"Meow meow-meow," meowed Meow, "meow meow meow."

"Meowww," meowed Meow, "meow-meow meow meow."

Meow meow meow meow... Meow meow meow, meow-meow meow meow. Meoooow meow meow meow-meow. Meow meow meow meow meow, meow-meow meow.

"Meow-meow meow meow," meowed Meow, "meow meow meow MEOW."

"Meow-meow meow," meowed Meow, "meow meow meow."

MEOW-MEOW meow, meow meow-meow. Meow-meow, meow-meow meow meow. Meoooow, meow meow meow.

"MEOW!" meowed Meow, "meow meow meow-meow, meow meow." Meow meow meow, meow-meow meow meow. Meow, meow-meow meow meow. Meoooow meow, meow meow meow-meow.

Meow-meow! Meow meow meow, meow meow-meow. "Meow meow," meowed Meow, "meow-meow MEOW."

Meoooow meow, meow meow-meow. Meow meow meow meow, meow-meow meow. Meow meow meow, meow-meow meow.

"Meow meow-meow," meowed Meow, "meow meow meow."

"Meowww," meowed Meow, "meow-meow meow meow."

Meow meow meow meow...

Meow-meow meow meow. Meow meow, meow meow meow meow. Meooow meow, meow-meow meow. "MEOW?" meowed Meow. "Meow meow-meow."

"Meow meow," meowed Meow, "meow-meow meow meow."

"Meoooow," meowed Meow, "meow meow meow-meow."

Meow-meow meow, meow meow meow. MEOW! Meow meow meow, meow-meow meow. Meoooow meow, meow meow-meow. Meow meow meow meow, meow-meow meow. "Meow meow-meow," meowed Meow, "meow meow meow." "Meowww," meowed Meow, "meow-meow meow meow." Meow meow meow meow...

Meow meow meow, meow-meow meow meow. Meoooow meow meow meow-meow. Meow meow meow meow meow, meow-meow meow.

Meow-meow meow meow, meow-meow meow. Meooow, meow meow meow. Meow meow meow meow, meow-meow meow meow. Meoooow meow.

Meow!

Chapter 2: Meow Meow Meow-Meow

Meow meow meow meow. Meooow meow, meow meow meow-meow. Meow meow meow, meow-meow meow. Meoooow meow meow, meow meow meow. Meow meow, meow-meow meow meow.

Meow-meow. Meow meow meow meow-meow. Meooow meow meow meow-meow. Meow meow meow, meow-meow meow meow. Meow meow meow, meow-meow meow.

"Meow-meow," meowed Meow, "meow meow meow."

Meoooow meow, meow meow-meow. Meow meow meow meow, meow-meow meow.

"Meow meow-meow," meowed Meow, "meow meow meow."

"Meowww," meowed Meow, "meow-meow meow meow."

Meow meow meow meow. Meow meow meow meow-meow. Meooow meow, meow meow meow-meow. Meow? Meow meeeow... Meow!

"Meow-meow, meow-meow meow," meowed Meow, "meow meow meow MEOW!"

"Meow-meow meow," meowed Meow, "meow meow meow."

MEOW-MEOW meow, meow meow-meow. Meow-meow, meow-meow meow meow. Meoooow, meow meow meow.

"MEOW!" meowed Meow, "meow meow meow-meow, meow meow."

Meow meow meow, meow-meow meow meow. Meow, meow-meow meow meow. Meoooow meow, meow meow meow-meow.

Meow-meow! Meow meow meow, meow meow-meow. "Meow meow," meowed Meow, "meow-meow MEOW."

Meoooow meow, meow meow-meow. Meow meow meow meow, meow-meow meow. Meow meow meow, meow-meow meow.

"Meow meow-meow," meowed Meow, "meow meow meow."

"Meowww," meowed Meow, "meow-meow meow meow."

Meow meow meow meow. Meow meow meow, meow-meow meow meow. Meoooow meow meow meow-meow. Meow meow meow meow meow, meow-meow meow. Meow-meow meow meow, meow-meow meow. Meooow, meow meow meow. Meow meow meow meow, meow-meow meow meow. Meoooow meow, meow meow meow.

Meow meow meow, meow-meow meow meow. Meow, meow-meow meow meow. Meoooow meow, meow meow meow-meow.

Meow-meow meow, meow meow meow. MEOW! Meow meow meow, meow-meow meow.

Meoooow meow, meow meow-meow. Meow meow meow meow, meow-meow meow.

"Meow meow-meow," meowed Meow, "meow meow meow."

"Meowww," meowed Meow, "meow-meow meow meow."

Meow meow meow meow. Meow meow meow, meow-meow meow meow. Meoooow meow meow meow-meow. Meow meow meow meow meow, meow-meow meow.

"Meow-meow meow meow," meowed Meow, "meow meow meow MEOW."

"Meow-meow meow," meowed Meow, "meow meow meow."

MEOW-MEOW meow, meow meow-meow. Meow-meow, meow-meow meow meow. Meoooow, meow meow meow.

"MEOW!" meowed Meow, "meow meow meow-meow, meow meow."

Meow meow meow, meow-meow meow meow. Meow, meow-meow meow meow. Meoooow meow, meow meow meow-meow.

Meow-meow! Meow meow meow, meow meow-meow. "Meow meow," meowed Meow, "meow-meow MEOW."

Meoooow meow, meow meow-meow. Meow meow meow meow, meow-meow meow. Meow meow meow, meow-meow meow.

"Meow meow-meow," meowed Meow, "meow meow meow."

"Meowww," meowed Meow, "meow-meow meow meow."

Meow meow meow meow. Meow meow meow, meow-meow meow meow. Meoooow meow meow meow-meow. Meow meow meow meow meow, meow-meow meow. Meow-meow meow meow, meow-meow meow. Meooow, meow meow

meow. Meow meow meow meow, meow-meow meow meow. Meoooow meow, meow meow meow.

Meow meow meow, meow-meow meow meow. Meow, meow-meow meow meow. Meoooow meow, meow meow meow-meow.

Meow-meow meow, meow meow meow. MEOW! Meow meow meow, meow-meow meow. Meoooow meow, meow meow-meow. Meow meow meow meow, meow-meow meow. "Meow meow-meow," meowed Meow, "meow meow meow." "Meowww," meowed Meow, "meow-meow meow meow." Meow meow meow meow...

Meow-meow. Meow meow meow meow-meow. Meoooow meow, meow meow meow-meow. Meow? Meow meeeow... Meow!

"Meow-meow, meow-meow meow," meowed Meow, "meow meow meow MEOW!"

"Meow-meow meow," meowed Meow, "meow meow meow."

MEOW-MEOW meow, meow meow-meow. Meow-meow, meow-meow meow meow. Meoooow, meow meow meow.

"MEOW!" meowed Meow, "meow meow meow-meow, meow meow."

Meow meow meow, meow-meow meow meow. Meow, meow-meow meow meow. Meoooow meow, meow meow meow-meow. Meow-meow! Meow meow meow, meow meow-meow. "Meow meow," meowed Meow, "meow-meow MEOW." Meoooow meow, meow meow-meow. Meow

meow meow meow, meow-meow meow. Meow meow meow, meow-meow meow.

"Meow meow-meow," meowed Meow, "meow meow meow."

"Meowww," meowed Meow, "meow-meow meow meow."

Meow meow meow meow...

Meow-meow meow meow. Meow meow, meow meow meow meow. Meooow meow, meow-meow meow. "MEOW?" meowed Meow. "Meow meow-meow." Meow meow, meow-meow meow meow. Meoooow meow meow meow-meow. Meow meow meow, meow meow meow. Meoooow meow meow-meow.

"Meow meow," meowed Meow, "meow-meow meow meow."

Meoooow meow meow, meow meow meow. Meow meow meow meow, meow meow meow.

"Meow meow-meow," meowed Meow, "meow meow meow."

Meow meow meow. Meow meow meow meow. Meooow meow, meow meow meow-meow. Meow meow meow meow meow, meow-meow meow. Meow-meow meow meow, meow-meow meow. Meooow, meow meow meow. Meow meow meow meow, meow-meow meow meow. Meoooow meow, meow meow meow.

Meow meow meow, meow-meow meow meow. Meow, meow-meow meow meow. Meoooow meow, meow meow meow-meow.

Meow-meow meow, meow meow meow. MEOW! Meow meow meow, meow-meow meow.

Meooow meow, meow meow-meow. Meow meow meow meow, meow-meow meow. "Meow meow-meow," meowed Meow, "meow meow meow."

"Meowww," meowed Meow, "meow-meow meow meow."

Meow meow meow meow...

Meow meow meow, meow-meow meow meow. Meooow meow meow meow-meow. Meow meow meow meow meow, meow-meow meow. "Meow-meow meow meow," meowed Meow, "meow meow meow MEOW."

"Meow-meow meow," meowed Meow, "meow meow meow."

MEOW-MEOW meow, meow meow-meow. Meow-meow, meow-meow meow meow. Meooow, meow meow meow. "MEOW!" meowed Meow, "meow meow meow-meow, meow meow." Meow meow meow, meow-meow meow meow. Meow, meow-meow meow meow. Meooow meow, meow meow meow-meow.

Meow-meow! Meow meow meow, meow meow-meow. "Meow meow," meowed Meow, "meow-meow MEOW." Meooow meow, meow meow-meow. Meow meow meow meow, meow-meow meow. Meow meow meow, meow-meow meow.

"Meow meow-meow," meowed Meow, "meow meow meow."

"Meowww," meowed Meow, "meow-meow meow meow."

Meow meow meow meow... Meow-meow meow meow. Meow meow, meow meow meow meow. Meooow meow, meow-meow meow. "MEOW?" meowed Meow. "Meow meow-meow."

Meow meow, meow-meow meow meow. Meoooow meow meow meow-meow. Meow meow meow meow meow, meow-meow meow.

Meow-meow meow meow, meow-meow meow. Meooow, meow meow meow. Meow meow meow meow, meow-meow meow meow. Meoooow meow, meow meow meow.

Meow meow meow, meow-meow meow meow. Meow, meow-meow meow meow. Meoooow meow, meow meow meow-meow. Meow-meow meow, meow meow meow. MEOW! Meow meow meow, meow-meow meow.

Meoooow meow, meow meow-meow. Meow meow meow meow, meow-meow meow.

"Meow meow-meow," meowed Meow, "meow meow meow."

"Meowww," meowed Meow, "meow-meow meow meow."

Meow meow meow meow... Meow meow meow, meow-meow meow meow. Meoooow meow meow meow-meow. Meow meow meow meow meow, meow-meow meow. Meow-meow meow meow, meow-meow meow. Meooow, meow meow meow. Meow meow meow meow, meow-meow meow meow. Meoooow meow, meow meow meow.

Meow meow meow, meow-meow meow meow. Meow, meow-meow meow meow. Meoooow meow, meow meow meow-meow. Meow-meow meow, meow meow meow.

MEOW! Meow meow meow, meow-meow meow. Meoooow meow, meow meow-meow. Meow meow meow meow, meow-meow meow.

"Meow meow-meow," meowed Meow, "meow meow meow."

"Meowww," meowed Meow, "meow-meow meow meow."

Meow meow meow meow... Meow meow meow, meow-meow meow meow. Meoooow meow meow meow-meow. Meow meow meow meow meow, meow-meow meow.

"Meow-meow meow meow," meowed Meow, "meow meow meow." Meow-meow. Meow meow meow meow-meow. Meoooow meow, meow meow meow-meow. Meow? Meow meeeow... Meow!

"Meow-meow, meow-meow meow," meowed Meow, "meow meow meow MEOW!"

"Meow-meow meow," meowed Meow, "meow meow meow."

MEOW-MEOW meow, meow meow-meow. Meow-meow, meow-meow meow meow. Meoooow, meow meow meow. "MEOW!" meowed Meow, "meow meow meow-meow, meow meow." Meow meow meow, meow-meow meow meow. Meow, meow-meow meow meow. Meoooow meow, meow meow meow-meow. Meow-meow! Meow meow meow, meow meow-meow. "Meow meow," meowed Meow, "meow-meow MEOW."

Meoooow meow, meow meow-meow. Meow meow meow meow, meow-meow meow. Meow meow meow, meow-

meow meow. "Meow meow-meow," meowed Meow, "meow meow meow."

"Meowww," meowed Meow, "meow-meow meow meow."

Meow meow meow meow... Meow-meow meow meow. Meow meow, meow meow meow meow. Meooow meow, meow-meow meow. "MEOW?" meowed Meow. "Meow meow-meow."

Meow meow, meow-meow meow meow. Meoooow meow meow meow-meow. Meow meow meow, meow meow meow. Meoooow meow meow-meow.

"Meow meow," meowed Meow, "meow-meow meow meow."

Meoooow meow meow, meow meow meow. Meow meow meow meow, meow meow meow.

"Meow meow-meow," meowed Meow, "meow meow meow."

Meow meow meow. Meow meow meow meow. Meooow meow, meow meow meow-meow. Meow meow meow meow meow, meow-meow meow.

Meow-meow meow meow, meow-meow meow. Meooow, meow meow meow. Meow meow meow meow, meow-meow meow meow. Meoooow meow, meow meow meow.

Meow meow meow, meow-meow meow meow. Meow, meow-meow meow meow. Meoooow meow, meow meow meow-meow.

Meow-meow meow, meow meow meow. MEOW! Meow meow meow, meow-meow meow.

Meoooow meow, meow meow-meow. Meow meow meow meow, meow-meow meow.

"Meow meow-meow," meowed Meow, "meow meow meow."

"Meowww," meowed Meow, "meow-meow meow meow."

Meow meow meow meow... Meow meow meow, meow-meow meow meow. Meoooow meow meow meow-meow. Meow meow meow meow meow, meow-meow meow.

"Meow-meow meow meow," meowed Meow, "meow meow meow MEOW."

"Meow-meow meow," meowed Meow, "meow meow meow."

MEOW-MEOW meow, meow meow-meow. Meow-meow, meow-meow meow meow. Meoooow, meow meow meow.

"MEOW!" meowed Meow, "meow meow meow-meow, meow meow."

Meow meow meow, meow-meow meow meow. Meow, meow-meow meow meow. Meoooow meow, meow meow meow-meow.

Meow-meow! Meow meow meow, meow meow-meow. "Meow meow," meowed Meow, "meow-meow MEOW." Meoooow meow, meow meow-meow. Meow meow meow meow, meow-meow meow. Meow meow meow, meow-meow meow.

"Meow meow-meow," meowed Meow, "meow meow meow."

"Meowww," meowed Meow, "meow-meow meow meow."

Meow meow meow meow... Meow-meow meow meow. Meow meow, meow meow meow meow. Meooow meow, meow-meow meow. "MEOW?" meowed Meow. "Meow meow-meow."

Meow meow, meow-meow meow meow. Meoooow meow meow meow-meow. Meow meow meow meow meow, meow-meow meow. Meow-meow meow meow, meow-meow meow. Meooow, meow meow meow. Meow meow meow meow, meow-meow meow meow. Meoooow meow, meow meow meow.

Meow meow meow, meow-meow meow meow. Meow, meow-meow meow meow. Meoooow meow, meow meow meow-meow.

Meow-meow meow, meow meow meow. MEOW! Meow meow meow, meow-meow meow. Meoooow meow, meow meow-meow. Meow meow meow meow, meow-meow meow.

"Meow meow-meow," meowed Meow, "meow meow meow."

"Meowww," meowed Meow, "meow-meow meow meow."

Meow meow meow meow... Meow meow meow, meow-meow meow meow. Meoooow meow meow meow-meow. Meow meow meow meow meow, meow-meow meow.

Meow-meow meow meow, meow-meow meow. Meooow, meow meow meow. Meow meow meow meow, meow-meow meow meow. Meoooow meow, meow meow meow.

Meow meow meow, meow-meow meow meow. Meow, meow-meow meow meow. Meoooow meow, meow meow meow-meow.

Meow-meow meow, meow meow meow. MEOW! Meow meow meow, meow-meow meow.

Meoooow meow, meow meow-meow. Meow meow meow meow, meow-meow meow. "Meow meow-meow," meowed Meow, "meow meow meow."

"Meowww," meowed Meow, "meow-meow meow meow."

Meow meow meow meow...

Meow meow meow, meow-meow meow meow. Meoooow meow meow meow-meow. Meow meow meow meow meow, meow-meow meow.

"Meow-meow meow meow," meowed Meow, "meow meow meow MEOW." Meow-meow meow, meow meow meow. Meooow, meow meow meow-meow. Meow meow meow meow meow, meow meow meow. Meoooow meow meow.

"Meow meow-meow," meowed Meow, "meow meow meow."

Meow meow meow, meow-meow meow meow. Meow, meow-meow meow meow. Meoooow meow, meow meow meow-meow.

Meow-meow meow, meow meow meow. MEOW! Meow meow meow, meow-meow meow. Meoooow meow, meow meow-meow. Meow meow meow meow, meow-meow meow.

Meow meow meow, meow-meow meow meow. Meoooow meow meow meow-meow. Meow meow meow meow meow, meow-meow meow.

Meow-meow meow meow, meow-meow meow. Meooow, meow meow meow. Meow meow meow meow, meow-meow meow meow. Meoooow meow, meow meow meow.

Meow meow meow, meow-meow meow meow.

Meow meow...

Chapter 3: Meooooow Meow Meow

Meow meow meow meow. Meooow meow, meow meow meow-meow. Meow meow meow, meow-meow meow. Meooooow meow meow, meow meow meow. Meow meow, meow-meow meow meow.

Meow-meow. Meow meow meow meow-meow. Meooow meow meow meow-meow. Meow meow meow, meow-meow meow meow. Meow meow meow, meow-meow meow.

"Meow-meow," meowed Meow, "meow meow meow."

Meooooow meow, meow meow-meow. Meow meow meow meow, meow-meow meow. "Meow meow-meow," meowed Meow, "meow meow meow."

"Meowww," meowed Meow, "meow-meow meow meow."

Meow meow meow meow. Meow meow meow meow-meow. Meooow meow, meow meow meow-meow. Meow? Meow meeeow... Meow!

"Meow-meow, meow-meow meow," meowed Meow, "meow meow meow MEOW!"

"Meow-meow meow," meowed Meow, "meow meow meow."

MEOW-MEOW meow, meow meow-meow. Meow-meow, meow-meow meow meow. Meooooow, meow meow meow.

"MEOW!" meowed Meow, "meow meow meow-meow, meow meow."

Meow meow meow, meow-meow meow meow. Meow, meow-meow meow meow. Meooow meow, meow meow meow-meow.

Meow-meow! Meow meow meow, meow meow-meow. "Meow meow," meowed Meow, "meow-meow MEOW."

Meoooow meow, meow meow-meow. Meow meow meow meow, meow-meow meow. Meow meow meow, meow-meow meow. “Meow meow-meow," meowed Meow, "meow meow meow."

"Meowww," meowed Meow, "meow-meow meow meow."

Meow meow meow meow...

Meow-meow meow meow. Meow meow, meow meow meow meow. Meooow meow, meow-meow meow. "MEOW?" meowed Meow. "Meow meow-meow." Meow meow, meow-meow meow meow. Meoooow meow meow meow-meow. Meow meow meow, meow meow meow. Meoooow meow meow-meow.

"Meow meow," meowed Meow, "meow-meow meow meow."

Meoooow meow meow, meow meow meow. Meow meow meow meow, meow meow meow. "Meow meow-meow," meowed Meow, "meow meow meow."

Meow meow meow. Meow meow meow meow. Meooow meow, meow meow meow-meow. Meow meow meow meow meow, meow-meow meow. Meow-meow meow meow, meow-meow meow. Meooow, meow meow meow. Meow meow meow meow, meow-meow meow meow. Meoooow meow, meow meow meow.

Meow meow meow, meow-meow meow meow. Meow, meow-meow meow meow. Meoooow meow, meow meow meow-meow.

Meow-meow meow, meow meow meow. MEOW! Meow meow meow, meow-meow meow.

Meoooow meow, meow meow-meow. Meow meow meow meow, meow-meow meow. "Meow meow-meow," meowed Meow, "meow meow meow."

"Meowww," meowed Meow, "meow-meow meow meow."

Meow meow meow meow...

Meow meow meow, meow-meow meow meow. Meoooow meow meow meow-meow. Meow meow meow meow meow, meow-meow meow.

"Meow-meow meow meow," meowed Meow, "meow meow meow MEOW." "Meow-meow meow," meowed Meow, "meow meow meow."

MEOW-MEOW meow, meow meow-meow. Meow-meow, meow-meow meow meow. Meoooow, meow meow meow. "MEOW!" meowed Meow, "meow meow meow-meow, meow meow."

Meow meow meow, meow-meow meow meow. Meow, meow-meow meow meow. Meoooow meow, meow meow meow-meow. Meow-meow! Meow meow meow, meow meow-meow. "Meow meow," meowed Meow, "meow-meow MEOW."

Meoooow meow, meow meow-meow. Meow meow meow meow, meow-meow meow. Meow meow meow, meow-

meow meow. "Meow meow-meow," meowed Meow, "meow meow meow." "Meowww," meowed Meow, "meow-meow meow meow."

Meow meow meow meow...

Meow-meow meow meow. Meow meow, meow meow meow meow. Meooow meow, meow-meow meow. "MEOW?" meowed Meow. "Meow meow-meow." Meow meow, meow-meow meow meow. Meoooow meow meow meow-meow. Meow meow meow, meow meow meow. Meoooow meow meow-meow.

"Meow meow," meowed Meow, "meow-meow meow meow." Meoooow meow meow, meow meow meow. Meow meow meow meow, meow meow meow. "Meow meow-meow," meowed Meow, "meow meow meow."

Meow meow meow. Meow meow meow meow. Meooow meow, meow meow meow-meow. Meow meow meow meow meow, meow-meow meow.

Meow-meow meow meow, meow-meow meow. Meooow, meow meow meow. Meow meow meow meow, meow-meow meow meow. Meoooow meow, meow meow meow.

Meow meow meow, meow-meow meow meow. Meow, meow-meow meow meow. Meoooow meow, meow meow meow-meow.

Meow-meow meow, meow meow meow. MEOW! Meow meow meow, meow-meow meow. Meoooow meow, meow meow-meow. Meow meow meow meow, meow-meow meow.

"Meow meow-meow," meowed Meow, "meow meow meow."

"Meowww," meowed Meow, "meow-meow meow meow."

Meow meow meow meow...

Meow meow meow, meow-meow meow meow. Meoooow meow meow meow-meow. Meow meow meow meow meow, meow-meow meow.

Meow-meow meow meow, meow-meow meow. Meooow, meow meow meow. Meow meow meow meow, meow-meow meow meow. Meoooow meow, meow meow meow.

Meow meow meow, meow-meow meow meow. Meow, meow-meow meow meow. Meoooow meow, meow meow meow-meow.

Meow-meow meow, meow meow meow. MEOW! Meow meow meow, meow-meow meow.

Meoooow meow, meow meow-meow. Meow meow meow meow, meow-meow meow. "Meow meow-meow," meowed Meow, "meow meow meow."

"Meowww," meowed Meow, "meow-meow meow meow."

Meow meow meow meow... Meow meow meow meow meow, meow-meow meow. "Meow-meow meow meow," meowed Meow, "meow meow meow." Meooow meow, meow meow-meow. Meow meow meow meow, meow-meow meow.

"Meow meow-meow," meowed Meow, "meow meow meow."

Meow meow meow. Meow meow meow meow. Meooow meow, meow meow meow-meow. Meow meow meow meow meow, meow-meow meow.

Meow-meow meow meow, meow-meow meow. Meooow, meow meow meow. Meow meow meow meow, meow-meow meow meow. Meoooow meow, meow meow meow.

Meow meow meow, meow-meow meow meow. Meow, meow-meow meow meow. Meoooow meow, meow meow meow-meow.

Meow-meow meow, meow meow meow. MEOW! Meow meow meow, meow-meow meow. Meoooow meow, meow meow-meow. Meow meow meow meow, meow-meow meow. "Meow meow-meow," meowed Meow, "meow meow meow."

"Meowww," meowed Meow, "meow-meow meow meow."

Meow meow meow meow...

Meow meow meow, meow-meow meow meow. Meoooow meow meow meow-meow. Meow meow meow meow meow, meow-meow meow. "Meow-meow meow meow," meowed Meow, "meow meow meow MEOW." "Meow-meow meow," meowed Meow, "meow meow meow."

MEOW-MEOW meow, meow meow-meow. Meow-meow, meow-meow meow meow. Meoooow, meow meow meow.

"MEOW!" meowed Meow, "meow meow meow-meow, meow meow." Meow meow meow, meow-meow meow meow. Meow, meow-meow meow meow. Meoooow meow, meow meow meow-meow.

Meow-meow! Meow meow meow, meow meow-meow. "Meow meow," meowed Meow, "meow-meow MEOW."

Meoooow meow, meow meow-meow. Meow meow meow meow, meow-meow meow. Meow meow meow, meow-meow meow.

"Meow meow-meow," meowed Meow, "meow meow meow."

"Meowww," meowed Meow, "meow-meow meow meow."

Meow meow meow meow...

Meow-meow meow meow. Meow meow, meow meow meow meow. Meooow meow, meow-meow meow. "MEOW?" meowed Meow. "Meow meow-meow."

Meow meow, meow-meow meow meow. Meoooow meow meow meow-meow. Meow meow meow, meow meow meow. Meoooow meow meow-meow.

"Meow meow," meowed Meow, "meow-meow meow meow."

Meoooow meow meow, meow meow meow. Meow meow meow meow, meow meow meow. "Meow meow-meow," meowed Meow, "meow meow meow."

Meow meow meow. Meow meow meow meow. Meooow meow, meow meow meow-meow. Meow meow meow meow meow, meow-meow meow.

Meow-meow meow meow, meow-meow meow. Meooow, meow meow meow. Meow meow meow meow, meow-meow meow meow. Meoooow meow, meow meow meow.

Meow meow meow, meow-meow meow meow. Meow, meow-meow meow meow. Meoooow meow, meow meow meow-meow.

Meow-meow meow, meow meow meow. MEOW! Meow meow meow, meow-meow meow. Meoooow meow, meow meow-meow. Meow meow meow meow, meow-meow meow. "Meow meow-meow," meowed Meow, "meow meow meow."

"Meowww," meowed Meow, "meow-meow meow meow."

Meow meow meow meow...

Meow meow meow, meow-meow meow meow. Meoooow meow meow meow-meow. Meow meow meow meow meow, meow-meow meow.

Meow-meow meow meow, meow-meow meow. Meooow, meow meow meow. Meow meow meow meow, meow-meow meow meow. Meoooow meow, meow meow meow. Meow meow meow, meow-meow meow meow. Meow, meow-meow meow meow. Meoooow meow, meow meow meow-meow.

Meow-meow meow, meow meow meow. MEOW! Meow meow meow, meow-meow meow. Meoooow meow, meow meow-meow. Meow meow meow meow, meow-meow meow.

"Meow meow-meow," meowed Meow, "meow meow meow."

"Meowww," meowed Meow, "meow-meow meow meow." Meow meow meow meow... Meow meow meow, meow-meow meow meow. Meoooow meow meow meow-meow. Meow meow meow meow meow, meow-meow meow.

"Meow-meow meow meow," meowed Meow, "meow meow meow MEOW." Meow-meow meow, meow meow meow. Meooow, meow meow meow-meow. Meow meow meow meow meow, meow meow meow. Meoooow meow meow.

"Meow meow-meow," meowed Meow, "meow meow meow."

Meow meow meow, meow-meow meow meow. Meow, meow-meow meow meow. Meoooow meow, meow meow meow-meow.

Meow-meow meow, meow meow meow. MEOW! Meow meow meow, meow-meow meow. Meoooow meow, meow meow-meow. Meow meow meow meow, meow-meow meow. Meow meow meow, meow-meow meow meow. Meoooow meow meow meow-meow. Meow meow meow meow meow, meow-meow meow.

Meow-meow meow meow, meow-meow meow. Meooow, meow meow meow. Meow meow meow meow, meow-meow meow meow. Meoooow meow, meow meow meow.

Meow meow meow, meow-meow meow meow. Meow, meow-meow meow meow. Meoooow meow, meow meow meow-meow.

Meow-meow meow, meow meow meow. MEOW! Meow meow meow, meow-meow meow. Meoooow meow, meow meow-meow. Meow meow meow meow, meow-meow meow.

Meow meow meow, meow-meow meow meow. Meoooow meow meow meow-meow. Meow meow meow meow meow, meow-meow meow.

Meow-meow meow meow, meow-meow meow. Meooow, meow meow meow. Meow meow meow meow, meow-meow meow meow. Meoooow meow, meow meow meow.

Meow meow meow, meow-meow meow meow. Meow, meow-meow meow meow. Meoooow meow, meow meow meow-meow.

Meow-meow meow, meow meow meow. MEOW! Meow meow meow, meow-meow meow.

Meeeeeeeeeow.

Chapter 4: Meow Meow-MEOW

Meow meow meow meow. Meooow meow, meow meow meow-meow. Meow meow meow, meow-meow meow. Meooooow meow meow, meow meow meow. Meow meow, meow-meow meow meow.

Meow-meow. Meow meow meow meow-meow. Meooow meow meow meow-meow. Meow meow meow, meow-meow meow meow. Meow meow meow, meow-meow meow.

"Meow-meow," meowed Meow, "meow meow meow."

Meooooow meow, meow meow-meow. Meow meow meow meow, meow-meow meow.

"Meow meow-meow," meowed Meow, "meow meow meow."

"Meowww," meowed Meow, "meow-meow meow meow."

Meow meow meow meow. Meow meow meow meow-meow. Meooow meow, meow meow meow-meow. Meow? Meow meeeow... Meow!

"Meow-meow, meow-meow meow," meowed Meow, "meow meow meow MEOW!"

"Meow-meow meow," meowed Meow, "meow meow meow."

MEOW-MEOW meow, meow meow-meow. Meow-meow, meow-meow meow meow. Meooooow, meow meow meow.

"MEOW!" meowed Meow, "meow meow meow-meow, meow meow." Meow meow meow, meow-meow meow

meow. Meow, meow-meow meow meow. Meoooow meow, meow meow meow-meow.

Meow-meow! Meow meow meow, meow meow-meow. "Meow meow," meowed Meow, "meow-meow MEOW."

Meoooow meow, meow meow-meow. Meow meow meow meow, meow-meow meow. Meow meow meow, meow-meow meow. "Meow meow-meow," meowed Meow, "meow meow meow."

"Meowww," meowed Meow, "meow-meow meow meow."

Meow meow meow meow... Meow-meow meow meow. Meow meow, meow meow meow meow. Meooow meow, meow-meow meow. "MEOW?" meowed Meow. "Meow meow-meow."

Meow meow, meow-meow meow meow. Meoooow meow meow meow-meow. Meow meow meow, meow meow meow. Meoooow meow meow-meow.

"Meow meow," meowed Meow, "meow-meow meow meow."

Meoooow meow meow, meow meow meow. Meow meow meow meow, meow meow meow. "Meow meow-meow," meowed Meow, "meow meow meow."

Meow meow meow. Meow meow meow meow. Meooow meow, meow meow meow-meow. Meow meow meow meow meow, meow-meow meow. Meow-meow meow meow, meow-meow meow. Meooow, meow meow meow. Meow meow meow meow, meow-meow meow meow. Meoooow meow, meow meow meow.

Meow meow meow, meow-meow meow meow. Meow, meow-meow meow meow. Meoooow meow, meow meow meow-meow. Meow-meow meow, meow meow meow. MEOW! Meow meow meow, meow-meow meow.

Meoooow meow, meow meow-meow. Meow meow meow meow, meow-meow meow.

"Meow meow-meow," meowed Meow, "meow meow meow."

"Meowww," meowed Meow, "meow-meow meow meow."

Meow meow meow meow...

Meow meow meow, meow-meow meow meow. Meoooow meow meow meow-meow. Meow meow meow meow meow, meow-meow meow.

"Meow-meow meow meow," meowed Meow, "meow meow meow MEOW." "Meow-meow meow," meowed Meow, "meow meow meow."

MEOW-MEOW meow, meow meow-meow. Meow-meow, meow-meow meow meow. Meoooow, meow meow meow.

"MEOW!" meowed Meow, "meow meow meow-meow, meow meow."

“Meow?”

“Woof!” meow meow meow.

“Meow?”

“Meow?” Meow meowed.

“Meow?” meow meow meow meow.

Meeeeeoow!

Meow meow meow, meow-meow meow meow. Meow, meow-meow meow meow. Meoooow meow, meow meow meow-meow. Meow-meow! Meow meow meow, meow meow-meow. "Meow meow," meowed Meow, "meow-meow MEOW."

Meoooow meow, meow meow-meow. Meow meow meow meow, meow-meow meow. Meow meow meow, meow-meow meow. "Meow meow-meow," meowed Meow, "meow meow meow."

"Meowww," meowed Meow, "meow-meow meow meow."

Meow meow meow meow...

Meow-meow meow meow. Meow meow, meow meow meow meow. Meooow meow, meow-meow meow. "MEOW?" meowed Meow. "Meow meow-meow."

Meow meow, meow-meow meow meow. Meoooow meow meow meow-meow. Meow meow meow, meow meow meow. Meoooow meow meow-meow.

"Meow meow," meowed Meow, "meow-meow meow meow." Meoooow meow meow, meow meow meow. Meow meow meow meow, meow meow meow.

"Meow meow-meow," meowed Meow, "meow meow meow."

Meow meow meow. Meow meow meow meow. Meooow meow, meow meow meow-meow. Meow meow meow meow meow, meow-meow meow.

Meow-meow meow meow, meow-meow meow. Meooow, meow meow meow. Meow meow meow meow, meow-meow meow meow. Meoooow meow, meow meow meow.

Meow meow meow, meow-meow meow meow. Meow, meow-meow meow meow. Meoooow meow, meow meow meow-meow. Meow-meow meow, meow meow meow. MEOW! Meow meow meow, meow-meow meow. Meoooow meow, meow meow-meow. Meow meow meow meow, meow-meow meow.

"Meow meow-meow," meowed Meow, "meow meow meow."

"Meowww," meowed Meow, "meow-meow meow meow."

Meow meow meow meow...

Meow meow meow, meow-meow meow meow. Meoooow meow meow meow-meow. Meow meow meow meow meow, meow-meow meow. Meow-meow meow meow, meow-meow meow. Meooow, meow meow meow. Meow meow meow meow, meow-meow meow meow. Meoooow meow, meow meow meow.

Meow meow meow, meow-meow meow meow. Meow, meow-meow meow meow. Meoooow meow, meow meow meow-meow.

Meow-meow meow, meow meow meow. MEOW! Meow meow meow, meow-meow meow. Meoooow meow, meow meow-meow. Meow meow meow meow, meow-meow meow.

"Meow meow-meow," meowed Meow, "meow meow meow."

"Meowww," meowed Meow, "meow-meow meow meow."

Meow meow meow meow...

Meow meow meow, meow-meow meow meow. Meow meow meow meow. Meooow meow, meow meow meow-meow. Meow meow meow, meow-meow meow. Meoooow meow meow, meow meow meow. Meow meow, meow-meow meow meow.

Meow-meow. Meow meow meow meow-meow. Meooow meow meow meow-meow. Meow meow meow, meow-meow meow meow. Meow meow meow, meow-meow meow.

"Meow-meow," meowed Meow, "meow meow meow." Meoooow meow, meow meow-meow. Meow meow meow meow, meow-meow meow. "Meow meow-meow," meowed Meow, "meow meow meow."

"Meowww," meowed Meow, "meow-meow meow meow." Meow meow meow meow. Meow meow meow meow-meow. Meooow meow, meow meow meow-meow. Meow? Meow meeeow... Meow! "Meow-meow, meow-meow meow," meowed Meow, "meow meow meow MEOW!"

"Meow-meow meow," meowed Meow, "meow meow meow."

MEOW-MEOW meow, meow meow-meow. Meow-meow, meow-meow meow meow. Meoooow, meow meow meow. "MEOW!" meowed Meow, "meow meow meow-meow, meow meow."

Meow meow meow, meow-meow meow meow. Meow, meow-meow meow meow. Meoooow meow, meow meow meow-meow. Meow-meow! Meow meow meow, meow

meow-meow. "Meow meow," meowed Meow, "meow-meow MEOW."

Meoooow meow, meow meow-meow. Meow meow meow meow, meow-meow meow. Meow meow meow, meow-meow meow.

"Meow meow-meow," meowed Meow, "meow meow meow." "Meowww," meowed Meow, "meow-meow meow meow."

Meow meow meow meow...

Meow-meow meow meow. Meow meow, meow meow meow meow. Meooow meow, meow-meow meow. "MEOW?" meowed Meow. "Meow meow-meow." Meow meow, meow-meow meow meow. Meoooow meow meow meow-meow. Meow meow meow, meow meow meow. Meoooow meow meow-meow.

"Meow meow," meowed Meow, "meow-meow meow meow."

Meoooow meow meow, meow meow meow. Meow meow meow meow, meow meow meow. "Meow meow-meow," meowed Meow, "meow meow meow."

Meow meow meow. Meow meow meow meow. Meooow meow, meow meow meow-meow. Meow meow meow meow meow, meow-meow meow.

Meow-meow meow meow, meow-meow meow. Meooow, meow meow meow. Meow meow meow meow, meow-meow meow meow. Meoooow meow, meow meow meow. Meow meow meow, meow-meow meow meow. Meow, meow-

meow meow meow. Meooow meow, meow meow meow-meow.

Meow-meow meow, meow meow meow. MEOW! Meow meow meow, meow-meow meow. Meoooow meow, meow meow-meow. Meow meow meow meow, meow-meow meow.

"Meow meow-meow," meowed Meow, "meow meow meow."

"Meowww," meowed Meow, "meow-meow meow meow."

Meow meow meow meow...

Meow meow meow, meow-meow meow meow. Meoooow meow meow meow-meow. Meow meow meow meow meow, meow-meow meow. "Meow-meow meow meow," meowed Meow, "meow meow meow MEOW."

"Meow-meow meow," meowed Meow, "meow meow meow." MEOW-MEOW meow, meow meow-meow. Meow-meow, meow-meow meow meow. Meoooow, meow meow meow.

"MEOW!" meowed Meow, "meow meow meow-meow, meow meow."

Meow meow meow, meow-meow meow meow. Meow, meow-meow meow meow. Meoooow meow, meow meow meow-meow. Meow-meow! Meow meow meow, meow meow-meow. "Meow meow," meowed Meow, "meow-meow MEOW."

Meoooow meow, meow meow-meow. Meow meow meow meow, meow-meow meow. Meow meow meow, meow-meow meow.

"Meow meow-meow," meowed Meow, "meow meow meow."

"Meowww," meowed Meow, "meow-meow meow meow."

Meow meow meow meow...

Meow-meow meow meow. Meow meow, meow meow meow meow. Meooow meow, meow-meow meow. "MEOW?" meowed Meow. "Meow meow-meow."

Meow meow, meow-meow meow meow. Meoooow meow meow meow-meow. Meow meow meow, meow meow meow. Meoooow meow meow-meow.

"Meow meow," meowed Meow, "meow-meow meow meow."

Meoooow meow meow, meow meow meow. Meow meow meow meow, meow meow meow. "Meow meow-meow," meowed Meow, "meow meow meow." Meow meow meow. Meow meow meow meow. Meooow meow, meow meow meow-meow. Meow meow meow meow meow, meow-meow meow.

Meow-meow meow meow, meow-meow meow. Meooow, meow meow meow. Meow meow meow meow, meow-meow meow meow. Meoooow meow, meow meow meow.

Meow meow meow, meow-meow meow meow. Meow, meow-meow meow meow. Meoooow meow, meow meow meow-meow.

Meow-meow meow, meow meow meow. MEOW! Meow meow meow, meow-meow meow.

Meoooow meow, meow meow-meow. Meow meow meow meow, meow-meow meow.

"Meow meow-meow," meowed Meow, "meow meow meow."

"Meowww," meowed Meow, "meow-meow meow meow."

Meow meow meow meow...

Meow meow meow, meow-meow meow meow. Meoooow meow meow meow-meow. Meow meow meow meow meow, meow-meow meow. Meow-meow meow meow, meow-meow meow. Meooow, meow meow meow. Meow meow meow meow, meow-meow meow meow. Meoooow meow, meow meow meow.

Meow meow meow, meow-meow meow meow. Meow, meow-meow meow meow. Meoooow meow, meow meow meow-meow.

Meow-meow meow, meow meow meow. MEOW! Meow meow meow, meow-meow meow.

Meoooow meow, meow meow-meow. Meow meow meow meow, meow-meow meow.

"Meow meow-meow," meowed Meow, "meow meow meow."

"Meowww," meowed Meow, "meow-meow meow meow."

Meow meow meow meow...

Meow?

Chapter 5: Meoooow Meow Meow

Meow meow meow meow. Meooow meow, meow meow meow-meow. Meow meow meow, meow-meow meow. Meooooow meow meow, meow meow meow. Meow meow, meow-meow meow meow.

Meow-meow. Meow meow meow meow-meow. Meooow meow meow meow-meow. Meow meow meow, meow-meow meow meow. Meow meow meow, meow-meow meow.

"Meow-meow," meowed Meow, "meow meow meow."

Meooooow meow, meow meow-meow. Meow meow meow meow, meow-meow meow. "Meow meow-meow," meowed Meow, "meow meow meow."

"Meowww," meowed Meow, "meow-meow meow meow."

Meow meow meow meow. Meow meow meow meow-meow. Meooow meow, meow meow meow-meow. Meow? Meow meeeow... Meow!

"Meow-meow, meow-meow meow," meowed Meow, "meow meow meow MEOW!"

"Meow-meow meow," meowed Meow, "meow meow meow." MEOW-MEOW meow, meow meow-meow. Meow-meow, meow-meow meow meow. Meooooow, meow meow meow. "MEOW!" meowed Meow, "meow meow meow-meow, meow meow."

Meow meow meow, meow-meow meow meow. Meow, meow-meow meow meow. Meooooow meow, meow meow meow-meow.

Meow-meow! Meow meow meow, meow meow-meow. "Meow meow," meowed Meow, "meow-meow MEOW." Meoooow meow, meow meow-meow. Meow meow meow meow, meow-meow meow. Meow meow meow, meow-meow meow.

"Meow meow-meow," meowed Meow, "meow meow meow." "Meowww," meowed Meow, "meow-meow meow meow."

Meow meow meow meow... Meow-meow meow meow. Meow meow, meow meow meow meow. Meooow meow, meow-meow meow. "MEOW?" meowed Meow. "Meow meow-meow."

Meow meow, meow-meow meow meow. Meoooow meow meow meow-meow. Meow meow meow, meow meow meow. Meoooow meow meow-meow.

"Meow meow," meowed Meow, "meow-meow meow meow."

Meoooow meow meow, meow meow meow. Meow meow meow meow, meow meow meow. "Meow meow-meow," meowed Meow, "meow meow meow."

Meow meow meow. Meow meow meow meow. Meooow meow, meow meow meow-meow. Meow meow meow meow meow, meow-meow meow.

Meow-meow meow meow, meow-meow meow. Meooow, meow meow meow. Meow meow meow meow, meow-meow meow meow. Meoooow meow, meow meow meow.

Meow meow meow, meow-meow meow meow. Meow, meow-meow meow meow. Meooow meow, meow meow meow-meow.

Meow-meow meow, meow meow meow. MEOW! Meow meow meow, meow-meow meow.

Meooow meow, meow meow-meow. Meow meow meow meow, meow-meow meow.

"Meow meow-meow," meowed Meow, "meow meow meow."

"Meowww," meowed Meow, "meow-meow meow meow."

Meow meow meow meow... Meow meow meow, meow-meow meow meow. Meooow meow meow meow-meow. Meow meow meow meow meow, meow-meow meow.

"Meow-meow meow meow," meowed Meow, "meow meow meow MEOW."

"Meow-meow meow," meowed Meow, "meow meow meow."

MEOW-MEOW meow, meow meow-meow. Meow-meow, meow-meow meow meow. Meooow, meow meow meow. "MEOW!" meowed Meow, "meow meow meow-meow, meow meow."

Meow meow meow, meow-meow meow meow. Meow, meow-meow meow meow. Meooow meow, meow meow meow-meow. Meow-meow! Meow meow meow, meow meow-meow. "Meow meow," meowed Meow, "meow-meow MEOW."

Meoooow meow, meow meow-meow. Meow meow meow meow, meow-meow meow. Meow meow meow, meow-meow meow.

"Meow meow-meow," meowed Meow, "meow meow meow."

"Meowww," meowed Meow, "meow-meow meow meow."

Meow meow meow meow...

Meow-meow meow meow. Meow meow, meow meow meow meow. Meooow meow, meow-meow meow. "MEOW?" meowed Meow. "Meow meow-meow."

Meow meow, meow-meow meow meow. Meoooow meow meow meow-meow. Meow meow meow, meow meow meow. Meoooow meow meow-meow. "Meow meow," meowed Meow, "meow-meow meow meow."

Meoooow meow meow, meow meow meow. Meow meow meow meow, meow meow meow.

"Meow meow-meow," meowed Meow, "meow meow meow."

Meow meow meow. Meow meow meow meow. Meooow meow, meow meow meow-meow. Meow meow meow meow meow, meow-meow meow.

Meow-meow meow meow, meow-meow meow. Meooow, meow meow meow. Meow meow meow meow, meow-meow meow meow. Meoooow meow, meow meow meow.

Meow meow meow, meow-meow meow meow. Meow, meow-meow meow meow. Meoooow meow, meow meow meow-meow.

Meow-meow meow, meow meow meow. MEOW! Meow meow meow, meow-meow meow.

Meoooow meow, meow meow-meow. Meow meow meow meow, meow-meow meow.

"Meow meow-meow," meowed Meow, "meow meow meow."

"Meowww," meowed Meow, "meow-meow meow meow."

Meow meow meow meow...

Meow meow meow, meow-meow meow meow. Meoooow meow meow meow-meow. Meow meow meow meow meow, meow-meow meow.

"Meow-meow meow meow," meowed Meow, "meow meow meow MEOW."

Meow-meow meow, meow meow meow. Meooow, meow meow meow-meow. Meow meow meow meow meow, meow meow meow. Meoooow meow meow.

"Meow meow-meow," meowed Meow, "meow meow meow."

Meow meow meow, meow-meow meow meow. Meow, meow-meow meow meow. Meoooow meow, meow meow meow-meow.

Meow-meow meow, meow meow meow. MEOW! Meow meow meow, meow-meow meow. Meoooow meow, meow meow-meow. Meow meow meow meow, meow-meow meow. Meow meow meow meow. Meooow meow, meow meow meow-meow. Meow meow meow, meow-meow meow.

Meoooow meow meow, meow meow meow. Meow meow, meow-meow meow meow.

Meow-meow. Meow meow meow meow-meow. Meooow meow meow meow-meow. Meow meow meow, meow-meow meow meow. Meow meow meow, meow-meow meow.

"Meow-meow," meowed Meow, "meow meow meow."

Meoooow meow, meow meow-meow. Meow meow meow meow, meow-meow meow.

"Meow meow-meow," meowed Meow, "meow meow meow."

"Meowww," meowed Meow, "meow-meow meow meow."

Meow meow meow meow. Meow meow meow meow-meow. Meooow meow, meow meow meow-meow. Meow? Meow meeeow... Meow!

"Meow-meow, meow-meow meow," meowed Meow, "meow meow meow MEOW!"

"Meow-meow meow," meowed Meow, "meow meow meow."

MEOW-MEOW meow, meow meow-meow. Meow-meow, meow-meow meow meow. Meoooow, meow meow meow.

"MEOW!" meowed Meow, "meow meow meow-meow, meow meow."

Meow meow meow, meow-meow meow meow. Meow, meow-meow meow meow. Meoooow meow, meow meow meow-meow. Meow-meow! Meow meow meow, meow

meow-meow. "Meow meow," meowed Meow, "meow-meow MEOW."

Meoooow meow, meow meow-meow. Meow meow meow meow, meow-meow meow. Meow meow meow, meow-meow meow.

"Meow meow-meow," meowed Meow, "meow meow meow."

"Meowww," meowed Meow, "meow-meow meow meow."

Meow meow meow meow...

Meow-meow meow meow. Meow meow, meow meow meow meow. Meooow meow, meow-meow meow. "MEOW?" meowed Meow. "Meow meow-meow."

Meow meow, meow-meow meow meow. Meoooow meow meow meow-meow. Meow meow meow, meow meow meow. Meoooow meow meow-meow.

"Meow meow," meowed Meow, "meow-meow meow meow." Meoooow meow meow, meow meow meow. Meow meow meow meow, meow meow meow.

"Meow meow-meow," meowed Meow, "meow meow meow."

Meow meow meow. Meow meow meow meow. Meooow meow, meow meow meow-meow. Meow meow meow meow meow, meow-meow meow. Meow-meow meow meow, meow-meow meow. Meooow, meow meow meow. Meow meow meow meow, meow-meow meow meow. Meoooow meow, meow meow meow.

Meow meow meow, meow-meow meow meow. Meow, meow-meow meow meow. Meooooow meow, meow meow meow-meow.

Meow-meow meow, meow meow meow. MEOW! Meow meow meow, meow-meow meow.

Meooooow meow, meow meow-meow. Meow meow meow meow, meow-meow meow. "Meow meow-meow," meowed Meow, "meow meow meow."

"Meowww," meowed Meow, "meow-meow meow meow."

Meow meow meow meow...

Meow meow meow, meow-meow meow meow. Meooooow meow meow meow-meow. Meow meow meow meow meow, meow-meow meow. "Meow-meow meow meow," meowed Meow, "meow meow meow MEOW."

"Meow-meow meow," meowed Meow, "meow meow meow." MEOW-MEOW meow, meow meow-meow. Meow-meow, meow-meow meow meow. Meooooow, meow meow meow.

"MEOW!" meowed Meow, "meow meow meow-meow, meow meow." Meow meow meow, meow-meow meow meow. Meow, meow-meow meow meow. Meooooow meow, meow meow meow-meow.

Meow-meow! Meow meow meow, meow meow-meow. "Meow meow," meowed Meow, "meow-meow MEOW."

Meooooow meow, meow meow-meow. Meow meow meow meow, meow-meow meow. Meow meow meow, meow-

meow meow. "Meow meow-meow," meowed Meow, "meow meow meow."

"Meowww," meowed Meow, "meow-meow meow meow."

Meow meow meow meow... Meow-meow meow meow. Meow meow, meow meow meow meow. Meooow meow, meow-meow meow. "MEOW?" meowed Meow. "Meow meow-meow." Meow meow, meow-meow meow meow. Meooooow meow meow meow-meow. Meow meow meow, meow meow meow. Meooooow meow meow-meow.

"Meow meow," meowed Meow, "meow-meow meow meow."

Meooooow meow meow, meow meow meow. Meow meow meow meow, meow meow meow.

"Meow meow-meow," meowed Meow, "meow meow meow."

Meow meow meow. Meow meow meow meow. Meooow meow, meow meow meow-meow. Meow meow meow meow meow, meow-meow meow.

Meow-meow meow meow, meow-meow meow. Meooow, meow meow meow. Meow meow meow meow, meow-meow meow meow. Meooooow meow, meow meow meow.

Meow meow meow, meow-meow meow meow. Meow, meow-meow meow meow. Meooooow meow, meow meow meow-meow.

Meow-meow meow, meow meow meow. MEOW! Meow meow meow, meow-meow meow. Meooooow meow, meow meow-meow. Meow meow meow meow, meow-meow meow.

"Meow meow-meow," meowed Meow, "meow meow meow."

"Meowww," meowed Meow, "meow-meow meow meow."

Meow meow meow meow...

Meow meow meow, meow-meow meow meow. Meooooow meow meow meow-meow. Meow meow meow meow meow, meow-meow meow.

Meow-meow meow meow, meow-meow meow. Meooow, meow meow meow. Meow meow meow meow, meow-meow meow meow. Meooow meow, meow meow meow.

Meow meow meow, meow-meow meow meow. Meow, meow-meow meow meow. Meooow meow, meow meow meow-meow.

Meow-meow meow, meow meow meow. MEOW! Meow meow meow, meow-meow meow.

Meooow meow, meow meow-meow. Meow meow meow meow, meow-meow meow.

"Meow meow-meow," meowed Meow, "meow meow meow."

"Meowww," meowed Meow, "meow-meow meow meow."

Meow meow meow meow...

Meow...

Chapter 6: Meow

Meow meow meow meow. Meooow meow, meow meow meow-meow. Meow meow meow, meow-meow meow. Meoooow meow meow, meow meow meow. Meow meow, meow-meow meow meow.

Meow-meow. Meow meow meow meow-meow. Meooow meow meow meow-meow. Meow meow meow, meow-meow meow meow. Meow meow meow, meow-meow meow.

"Meow-meow," meowed Meow, "meow meow meow."

Meoooow meow, meow meow-meow. Meow meow meow meow, meow-meow meow.

"Meow meow-meow," meowed Meow, "meow meow meow."

"Meowww," meowed Meow, "meow-meow meow meow."

Meow meow meow meow. Meow meow meow meow-meow. Meooow meow, meow meow meow-meow. Meow? Meow meeeow... Meow! "Meow-meow, meow-meow meow," meowed Meow, "meow meow meow MEOW!"

"Meow-meow meow," meowed Meow, "meow meow meow."

MEOW-MEOW meow, meow meow-meow. Meow-meow, meow-meow meow meow. Meoooow, meow meow meow.

"MEOW!" meowed Meow, "meow meow meow-meow, meow meow." Meow meow meow, meow-meow meow meow. Meow, meow-meow meow meow. Meoooow meow, meow meow meow-meow.

Meow-meow! Meow meow meow, meow meow-meow. "Meow meow," meowed Meow, "meow-meow MEOW."

Meoooow meow, meow meow-meow. Meow meow meow meow, meow-meow meow. Meow meow meow, meow-meow meow.

"Meow meow-meow," meowed Meow, "meow meow meow."

"Meowww," meowed Meow, "meow-meow meow meow."

Meow meow meow meow... Meow-meow meow meow. Meow meow, meow meow meow meow. Meooow meow, meow-meow meow. "MEOW?" meowed Meow. "Meow meow-meow."

Meow meow, meow-meow meow meow. Meoooow meow meow meow-meow. Meow meow meow, meow meow meow. Meoooow meow meow-meow.

"Meow meow," meowed Meow, "meow-meow meow meow."

Meoooow meow meow, meow meow meow. Meow meow meow meow, meow meow meow.

"Meow meow-meow," meowed Meow, "meow meow meow."

Meow meow meow. Meow meow meow meow. Meooow meow, meow meow meow-meow. Meow meow meow meow meow, meow-meow meow.

Meow-meow meow meow, meow-meow meow. Meooow, meow meow meow. Meow meow meow meow, meow-meow meow meow. Meoooow meow, meow meow meow.

Meow meow meow, meow-meow meow meow. Meow, meow-meow meow meow. Meoooow meow, meow meow meow-meow.

Meow-meow meow, meow meow meow. MEOW! Meow meow meow, meow-meow meow. Meoooow meow, meow meow-meow. Meow meow meow meow, meow-meow meow.

"Meow meow-meow," meowed Meow, "meow meow meow."

"Meowww," meowed Meow, "meow-meow meow meow."

Meow meow meow meow...

Meow meow meow, meow-meow meow meow. Meoooow meow meow meow-meow. Meow meow meow meow meow, meow-meow meow.

"Meow-meow meow meow," meowed Meow, "meow meow meow MEOW."

"Meow-meow meow," meowed Meow, "meow meow meow."

MEOW-MEOW meow, meow meow-meow. Meow-meow, meow-meow meow meow. Meoooow, meow meow meow.

"MEOW!" meowed Meow, "meow meow meow-meow, meow meow."

Meow meow meow, meow-meow meow meow. Meow, meow-meow meow meow. Meoooow meow, meow meow meow-meow. Meow-meow! Meow meow meow, meow meow-meow. "Meow meow," meowed Meow, "meow-meow MEOW."

Meooooow meow, meow meow-meow. Meow meow meow meow, meow-meow meow. Meow meow meow, meow-meow meow.

"Meow meow-meow," meowed Meow, "meow meow meow."

"Meowww," meowed Meow, "meow-meow meow meow."

Meow meow meow meow...

Meow-meow meow meow. Meow meow, meow meow meow meow. Meooow meow, meow-meow meow. "MEOW?" meowed Meow. "Meow meow-meow."

Meow meow, meow-meow meow meow. Meooooow meow meow meow-meow. Meow meow meow, meow meow meow. Meooooow meow meow-meow.

"Meow meow," meowed Meow, "meow-meow meow meow."

Meooooow meow meow, meow meow meow. Meow meow meow meow, meow meow meow. "Meow meow-meow," meowed Meow, "meow meow meow."

Meow meow meow. Meow meow meow meow. Meooow meow, meow meow meow-meow. Meow meow meow meow meow, meow-meow meow.

Meow-meow meow meow, meow-meow meow. Meooow, meow meow meow. Meow meow meow meow, meow-meow meow meow. Meooooow meow, meow meow meow.

Meow meow meow, meow-meow meow meow. Meow, meow-meow meow meow. Meooooow meow, meow meow meow-meow.

Meow-meow meow, meow meow meow. MEOW! Meow meow meow, meow-meow meow.

Meooow meow, meow meow-meow. Meow meow meow meow, meow-meow meow.

"Meow meow-meow," meowed Meow, "meow meow meow."

"Meowww," meowed Meow, "meow-meow meow meow."

Meow meow meow meow... Meow meow meow, meow-meow meow meow. Meooow meow meow meow-meow. Meow meow meow meow meow, meow-meow meow.

Meow-meow meow meow, meow-meow meow. Meooow, meow meow meow. Meow meow meow meow, meow-meow meow meow. Meooow meow, meow meow meow.

Meow meow meow, meow-meow meow meow. Meow, meow-meow meow meow. Meooow meow, meow meow meow-meow.

Meow-meow meow, meow meow meow. MEOW! Meow meow meow, meow-meow meow.

Meooow meow, meow meow-meow. Meow meow meow meow, meow-meow meow.

"Meow meow-meow," meowed Meow, "meow meow meow."

"Meowww," meowed Meow, "meow-meow meow meow."

Meow meow meow meow...

Meow meow meow, meow-meow meow meow. Meooow meow meow meow-meow. Meow meow meow meow.

Meooow meow, meow meow meow-meow. Meow meow meow, meow-meow meow. Meoooow meow meow, meow meow meow. Meow meow, meow-meow meow meow.

Meow-meow. Meow meow meow meow-meow. Meooow meow meow meow-meow. Meow meow meow, meow-meow meow meow. Meow meow meow, meow-meow meow.

"Meow-meow," meowed Meow, "meow meow meow."

Meoooow meow, meow meow-meow. Meow meow meow meow, meow-meow meow.

"Meow meow-meow," meowed Meow, "meow meow meow."

"Meowww," meowed Meow, "meow-meow meow meow."

Meow meow meow meow. Meow meow meow meow-meow. Meooow meow, meow meow meow-meow. Meow? Meow meeeow... Meow!

"Meow-meow, meow-meow meow," meowed Meow, "meow meow meow MEOW!"

"Meow-meow meow," meowed Meow, "meow meow meow."

MEOW-MEOW meow, meow meow-meow. Meow-meow, meow-meow meow meow. Meoooow, meow meow meow.

"MEOW!" meowed Meow, "meow meow meow-meow, meow meow."

Meow meow meow, meow-meow meow meow. Meow, meow-meow meow meow. Meoooow meow, meow meow meow-meow.

Meow-meow! Meow meow meow, meow meow-meow. "Meow meow," meowed Meow, "meow-meow MEOW."

Meooow meow, meow meow-meow. Meow meow meow meow, meow-meow meow. Meow meow meow, meow-meow meow.

"Meow meow-meow," meowed Meow, "meow meow meow."

"Meowww," meowed Meow, "meow-meow meow meow."

Meow meow meow meow...

Meow-meow meow meow. Meow meow, meow meow meow meow. Meooow meow, meow-meow meow. "MEOW?" meowed Meow. "Meow meow-meow."

Meow meow, meow-meow meow meow. Meooow meow meow meow-meow. Meow meow meow, meow meow meow. Meooow meow meow-meow.

"Meow meow," meowed Meow, "meow-meow meow meow."

Meooow meow meow, meow meow meow. Meow meow meow meow, meow meow meow.

"Meow meow-meow," meowed Meow, "meow meow meow."

Meow meow meow. Meow meow meow meow. Meooow meow, meow meow meow-meow. Meow meow meow meow meow, meow-meow meow.

Meow-meow meow meow, meow-meow meow. Meooow, meow meow meow. Meow meow meow meow, meow-meow meow meow. Meoooow meow, meow meow meow.

Meow meow meow, meow-meow meow meow. Meow, meow-meow meow meow. Meoooow meow, meow meow meow-meow.

Meow-meow meow, meow meow meow. MEOW! Meow meow meow, meow-meow meow.

Meoooow meow, meow meow-meow. Meow meow meow meow, meow-meow meow.

"Meow meow-meow," meowed Meow, "meow meow meow."

"Meowww," meowed Meow, "meow-meow meow meow."

Meow meow meow meow...

Meow meow meow, meow-meow meow meow. Meoooow meow meow meow-meow. Meow meow meow meow meow, meow-meow meow.

"Meow-meow meow meow," meowed Meow, "meow meow meow MEOW."

"Meow-meow meow," meowed Meow, "meow meow meow."

MEOW-MEOW meow, meow meow-meow. Meow-meow, meow-meow meow meow. Meoooow, meow meow meow.

"MEOW!" meowed Meow, "meow meow meow-meow, meow meow."

Meow meow meow, meow-meow meow meow. Meow, meow-meow meow meow. Meoooow meow, meow meow meow-meow.

Meow-meow! Meow meow meow, meow meow-meow. "Meow meow," meowed Meow, "meow-meow MEOW."

Meoooow meow, meow meow-meow. Meow meow meow meow, meow-meow meow. Meow meow meow, meow-meow meow.

"Meow meow-meow," meowed Meow, "meow meow meow."

"Meowww," meowed Meow, "meow-meow meow meow."

Meow meow meow meow...

Meow-meow meow meow. Meow meow, meow meow meow meow. Meooow meow, meow-meow meow. "MEOW?" meowed Meow. "Meow meow-meow."

Meow meow, meow-meow meow meow. Meoooow meow meow meow-meow. Meow meow meow, meow meow meow. Meoooow meow meow-meow.

"Meow meow," meowed Meow, "meow-meow meow meow."

Meoooow meow meow, meow meow meow. Meow meow meow meow, meow meow meow.

"Meow meow-meow," meowed Meow, "meow meow meow."

Meow meow meow. Meow meow meow meow. Meooow meow, meow meow meow-meow. Meow meow meow meow meow, meow-meow meow.

Meow-meow meow meow, meow-meow meow. Meooow, meow meow meow. Meow meow meow meow, meow-meow meow meow. Meoooow meow, meow meow meow.

Meow meow meow, meow-meow meow meow. Meow, meow-meow meow meow. Meoooow meow, meow meow meow-meow.

Meow-meow meow, meow meow meow. MEOW! Meow meow meow, meow-meow meow.

Meoooow meow, meow meow-meow. Meow meow meow meow, meow-meow meow.

"Meow meow-meow," meowed Meow, "meow meow meow."

"Meowww," meowed Meow, "meow-meow meow meow."

Meow meow meow meow...

Meow meow meow, meow-meow meow meow. Meoooow meow meow meow-meow. Meow meow meow meow meow, meow-meow meow.

Meow-meow meow meow, meow-meow meow. Meooow, meow meow meow. Meow meow meow meow, meow-meow meow meow. Meoooow meow, meow meow meow.

Meow meow meow, meow-meow meow meow. Meow, meow-meow meow meow. Meoooow meow, meow meow meow-meow.

Meow-meow meow, meow meow meow. MEOW! Meow meow meow, meow-meow meow.

Meoooow meow, meow meow-meow. Meow meow meow meow, meow-meow meow.

"Meow meow-meow," meowed Meow, "meow meow meow."

"Meowww," meowed Meow, "meow-meow meow meow."

Meow meow meow meow... Meow.

Chapter 7: Meow?

Meow meow meow meow. Meooow meow, meow meow meow-meow. Meow meow meow, meow-meow meow. Meoooow meow meow, meow meow meow. Meow meow, meow-meow meow meow.

Meow-meow. Meow meow meow meow-meow. Meooow meow meow meow-meow. Meow meow meow, meow-meow meow meow. Meow meow meow, meow-meow meow.

"Meow-meow," meowed Meow, "meow meow meow."

Meoooow meow, meow meow-meow. Meow meow meow meow, meow-meow meow.

"Meow meow-meow," meowed Meow, "meow meow meow."

"Meowww," meowed Meow, "meow-meow meow meow."

Meow meow meow meow. Meow meow meow meow-meow. Meooow meow, meow meow meow-meow. Meow? Meow meeeow... Meow!

"Meow-meow, meow-meow meow," meowed Meow, "meow meow meow MEOW!"

"Meow-meow meow," meowed Meow, "meow meow meow."

MEOW-MEOW meow, meow meow-meow. Meow-meow, meow-meow meow meow. Meoooow, meow meow meow.

"MEOW!" meowed Meow, "meow meow meow-meow, meow meow."

Meow meow meow, meow-meow meow meow. Meow, meow-meow meow meow. Meoooow meow, meow meow meow-meow.

Meow-meow! Meow meow meow, meow meow-meow. "Meow meow," meowed Meow, "meow-meow MEOW."

Meoooow meow, meow meow-meow. Meow meow meow meow, meow-meow meow. Meow meow meow, meow-meow meow.

"Meow meow-meow," meowed Meow, "meow meow meow."

"Meowww," meowed Meow, "meow-meow meow meow."

Meow meow meow meow...

Meow-meow meow meow. Meow meow, meow meow meow meow. Meooow meow, meow-meow meow. "MEOW?" meowed Meow. "Meow meow-meow."

Meow meow, meow-meow meow meow. Meoooow meow meow meow-meow. Meow meow meow, meow meow meow. Meoooow meow meow-meow.

"Meow meow," meowed Meow, "meow-meow meow meow."

Meoooow meow meow, meow meow meow. Meow meow meow meow, meow meow meow.

"Meow meow-meow," meowed Meow, "meow meow meow."

Meow meow meow. Meow meow meow meow. Meooow meow, meow meow meow-meow. Meow meow meow meow meow, meow-meow meow.

Meow-meow meow meow, meow-meow meow. Meooow, meow meow meow. Meow meow meow meow, meow-meow meow meow. Meoooow meow, meow meow meow.

Meow meow meow, meow-meow meow meow. Meow, meow-meow meow meow. Meoooow meow, meow meow meow-meow.

Meow-meow meow, meow meow meow. MEOW! Meow meow meow, meow-meow meow.

Meoooow meow, meow meow-meow. Meow meow meow meow, meow-meow meow.

"Meow meow-meow," meowed Meow, "meow meow meow."

"Meowww," meowed Meow, "meow-meow meow meow."

Meow meow meow meow...

Meow meow meow, meow-meow meow meow. Meoooow meow meow meow-meow. Meow meow meow meow meow, meow-meow meow.

"Meow-meow meow meow," meowed Meow, "meow meow meow MEOW."

"Meow-meow meow," meowed Meow, "meow meow meow."

MEOW-MEOW meow, meow meow-meow. Meow-meow, meow-meow meow meow. Meoooow, meow meow meow.

"MEOW!" meowed Meow, "meow meow meow-meow, meow meow."

Meow meow meow, meow-meow meow meow. Meow, meow-meow meow meow. Meoooow meow, meow meow meow-meow.

Meow-meow! Meow meow meow, meow meow-meow. "Meow meow," meowed Meow, "meow-meow MEOW."

Meoooow meow, meow meow-meow. Meow meow meow meow, meow-meow meow. Meow meow meow, meow-meow meow.

"Meow meow-meow," meowed Meow, "meow meow meow."

"Meowww," meowed Meow, "meow-meow meow meow."

Meow meow meow meow...

Meow-meow meow meow. Meow meow, meow meow meow meow. Meooow meow, meow-meow meow. "MEOW?" meowed Meow. "Meow meow-meow."

Meow meow, meow-meow meow meow. Meoooow meow meow meow-meow. Meow meow meow, meow meow meow. Meoooow meow meow-meow.

"Meow meow," meowed Meow, "meow-meow meow meow."

Meoooow meow meow, meow meow meow. Meow meow meow meow, meow meow meow.

"Meow meow-meow," meowed Meow, "meow meow meow."

Meow meow meow. Meow meow meow meow. Meooow meow, meow meow meow-meow. Meow meow meow meow meow, meow-meow meow.

Meow-meow meow meow, meow-meow meow. Meooow, meow meow meow. Meow meow meow meow, meow-meow meow meow. Meoooow meow, meow meow meow.

Meow meow meow, meow-meow meow meow. Meow, meow-meow meow meow. Meoooow meow, meow meow meow-meow.

Meow-meow meow, meow meow meow. MEOW! Meow meow meow, meow-meow meow.

Meoooow meow, meow meow-meow. Meow meow meow meow, meow-meow meow.

"Meow meow-meow," meowed Meow, "meow meow meow."

"Meowww," meowed Meow, "meow-meow meow meow."

Meow meow meow meow...

Meow meow meow, meow-meow meow meow. Meoooow meow meow meow-meow. Meow meow meow meow meow, meow-meow meow.

Meow-meow meow meow, meow-meow meow. Meooow, meow meow meow. Meow meow meow meow, meow-meow meow meow. Meoooow meow, meow meow meow.

Meow meow meow, meow-meow meow meow. Meow, meow-meow meow meow. Meoooow meow, meow meow meow-meow.

Meow-meow meow, meow meow meow. MEOW! Meow meow meow, meow-meow meow.

Meooooow meow, meow meow-meow. Meow meow meow meow, meow-meow meow.

"Meow meow-meow," meowed Meow, "meow meow meow."

"Meowww," meowed Meow, "meow-meow meow meow."

Meow...

Meow meow meow meow. Meooow meow, meow meow meow-meow. Meow meow meow, meow-meow meow. Meooooow meow meow, meow meow meow. Meow meow, meow-meow meow meow.

Meow-meow. Meow meow meow meow-meow. Meooow meow meow meow-meow. Meow meow meow, meow-meow meow meow. Meow meow meow, meow-meow meow.

"Meow-meow," meowed Meow, "meow meow meow."

Meooooow meow, meow meow-meow. Meow meow meow meow, meow-meow meow.

"Meow meow-meow," meowed Meow, "meow meow meow."

"Meowww," meowed Meow, "meow-meow meow meow."

Meow meow meow meow. Meow meow meow meow-meow. Meooow meow, meow meow meow-meow. Meow? Meow meeeow... Meow!

"Meow-meow, meow-meow meow," meowed Meow, "meow meow meow MEOW!"

"Meow-meow meow," meowed Meow, "meow meow meow."

MEOW-MEOW meow, meow meow-meow. Meow-meow, meow-meow meow meow. Meoooow, meow meow meow.

"MEOW!" meowed Meow, "meow meow meow-meow, meow meow."

Meow meow meow, meow-meow meow meow. Meow, meow-meow meow meow. Meoooow meow, meow meow meow-meow.

Meow-meow! Meow meow meow, meow meow-meow. "Meow meow," meowed Meow, "meow-meow MEOW."

Meoooow meow, meow meow-meow. Meow meow meow meow, meow-meow meow. Meow meow meow, meow-meow meow.

"Meow meow-meow," meowed Meow, "meow meow meow."

"Meowww," meowed Meow, "meow-meow meow meow."

Meow meow meow meow...

Meow-meow meow meow. Meow meow, meow meow meow meow. Meooow meow, meow-meow meow. "MEOW?" meowed Meow. "Meow meow-meow."

Meow meow, meow-meow meow meow. Meoooow meow meow meow-meow. Meow meow meow, meow meow meow. Meoooow meow meow-meow.

"Meow meow," meowed Meow, "meow-meow meow meow."

Meoooow meow meow, meow meow meow. Meow meow meow meow, meow meow meow.

"Meow meow-meow," meowed Meow, "meow meow meow."

Meow meow meow. Meow meow meow meow. Meooow meow, meow meow meow-meow. Meow meow meow meow meow, meow-meow meow.

Meow-meow meow meow, meow-meow meow. Meooow, meow meow meow. Meow meow meow meow, meow-meow meow meow. Meoooow meow, meow meow meow.

Meow meow meow, meow-meow meow meow. Meow, meow-meow meow meow. Meoooow meow, meow meow meow-meow.

Meow-meow meow, meow meow meow. MEOW! Meow meow meow, meow-meow meow.

Meoooow meow, meow meow-meow. Meow meow meow meow, meow-meow meow.

"Meow meow-meow," meowed Meow, "meow meow meow."

"Meowww," meowed Meow, "meow-meow meow meow."

Meow meow meow meow...

Meow meow meow, meow-meow meow meow. Meoooow meow meow meow-meow. Meow meow meow meow meow, meow-meow meow.

"Meow-meow meow meow," meowed Meow, "meow meow meow MEOW."

"Meow-meow meow," meowed Meow, "meow meow meow."

MEOW-MEOW meow, meow meow-meow. Meow-meow, meow-meow meow meow. Meoooow, meow meow meow.

"MEOW!" meowed Meow, "meow meow meow-meow, meow meow."

Meow meow meow, meow-meow meow meow. Meow, meow-meow meow meow. Meoooow meow, meow meow meow-meow.

Meow-meow! Meow meow meow, meow meow-meow. "Meow meow," meowed Meow, "meow-meow MEOW."

Meoooow meow, meow meow-meow. Meow meow meow meow, meow-meow meow. Meow meow meow, meow-meow meow.

"Meow meow-meow," meowed Meow, "meow meow meow."

"Meowww," meowed Meow, "meow-meow meow meow."

Meow meow meow meow...

Meow-meow meow meow. Meow meow, meow meow meow meow. Meooow meow, meow-meow meow. "MEOW?" meowed Meow. "Meow meow-meow."

Meow meow, meow-meow meow meow. Meoooow meow meow meow-meow. Meow meow meow, meow meow meow. Meoooow meow meow-meow.

"Meow meow," meowed Meow, "meow-meow meow meow."

Meoooow meow meow, meow meow meow. Meow meow meow meow, meow meow meow.

"Meow meow-meow," meowed Meow, "meow meow meow."

Meow meow meow. Meow meow meow meow. Meooow meow, meow meow meow-meow. Meow meow meow meow meow, meow-meow meow.

Meow-meow meow meow, meow-meow meow. Meooow, meow meow meow. Meow meow meow meow, meow-meow meow meow. Meoooow meow, meow meow meow.

Meow meow meow, meow-meow meow meow. Meow, meow-meow meow meow. Meoooow meow, meow meow meow-meow.

Meow-meow meow, meow meow meow. MEOW! Meow meow meow, meow-meow meow.

Meoooow meow, meow meow-meow. Meow meow meow meow, meow-meow meow.

"Meow meow-meow," meowed Meow, "meow meow meow."

"Meowww," meowed Meow, "meow-meow meow meow."

Meow meow meow meow...

Meow meow meow, meow-meow meow meow. Meoooow meow meow meow-meow. Meow meow meow meow meow, meow-meow meow.

Meow-meow meow meow, meow-meow meow. Meooow, meow meow meow. Meow meow meow meow, meow-meow meow meow. Meoooow meow, meow meow meow.

Meow meow meow, meow-meow meow meow. Meow, meow-meow meow meow. Meoooow meow, meow meow meow-meow.

Meow-meow meow, meow meow meow. MEOW! Meow meow meow, meow-meow meow.

Meoooow meow, meow meow-meow. Meow meow meow meow, meow-meow meow.

"Meow meow-meow," meowed Meow, "meow meow meow."

"Meowww," meowed Meow, "meow-meow meow meow."

Meow... Meow meow meow meow. Meooow meow, meow meow meow-meow. Meow meow meow, meow-meow meow. Meoooow meow meow, meow meow meow. Meow meow, meow-meow meow meow.

Meow-meow. Meow meow meow meow-meow. Meooow meow meow meow-meow. Meow meow meow, meow-meow meow meow. Meow meow meow, meow-meow meow.

"Meow-meow," meowed Meow, "meow meow meow."

Meoooow meow, meow meow-meow. Meow meow meow meow, meow-meow meow.

"Meow meow-meow," meowed Meow, "meow meow meow."

"Meowww," meowed Meow, "meow-meow meow meow."

Meow meow meow meow. Meow meow meow meow-meow. Meooow meow, meow meow meow-meow. Meow? Meow meeeow... Meow!

"Meow-meow, meow-meow meow," meowed Meow, "meow meow meow MEOW!"

"Meow-meow meow," meowed Meow, "meow meow meow."

MEOW-MEOW meow, meow meow-meow. Meow-meow, meow-meow meow meow. Meoooow, meow meow meow.

"MEOW!" meowed Meow, "meow meow meow-meow, meow meow."

Meow meow meow, meow-meow meow meow. Meow, meow-meow meow meow. Meoooow meow, meow meow meow-meow.

Meow-meow! Meow meow meow, meow meow-meow. "Meow meow," meowed Meow, "meow-meow MEOW."

Meoooow meow, meow meow-meow. Meow meow meow meow, meow-meow meow. Meow meow meow, meow-meow meow.

"Meow meow-meow," meowed Meow, "meow meow meow."

"Meowww," meowed Meow, "meow-meow meow meow."

Meow meow meow meow...

Meow-meow meow meow. Meow meow, meow meow meow meow. Meooow meow, meow-meow meow. "MEOW?" meowed Meow. "Meow meow-meow."

Meow meow, meow-meow meow meow. Meoooow meow meow meow-meow. Meow meow meow, meow meow meow. Meoooow meow meow-meow.

"Meow meow," meowed Meow, "meow-meow meow meow."

Meoooow meow meow, meow meow meow. Meow meow meow meow, meow meow meow.

"Meow meow-meow," meowed Meow, "meow meow meow."

Meow meow meow. Meow meow meow meow. Meooow meow, meow meow meow-meow. Meow meow meow meow meow, meow-meow meow.

Meow-meow meow meow, meow-meow meow. Meooow, meow meow meow. Meow meow meow meow, meow-meow meow meow. Meoooow meow, meow meow meow.

Meow meow meow, meow-meow meow meow. Meow, meow-meow meow meow. Meoooow meow, meow meow meow-meow.

Meow-meow meow, meow meow meow. MEOW! Meow meow meow, meow-meow meow.

Meoooow meow, meow meow-meow. Meow meow meow meow, meow-meow meow.

"Meow meow-meow," meowed Meow, "meow meow meow."

"Meowww," meowed Meow, "meow-meow meow meow."

Meow meow meow meow...

Meow meow meow, meow-meow meow meow. Meoooow meow meow meow-meow. Meow meow meow meow meow, meow-meow meow.

"Meow-meow meow meow," meowed Meow, "meow meow meow MEOW."

"Meow-meow meow," meowed Meow, "meow meow meow."

MEOW-MEOW meow, meow meow-meow. Meow-meow, meow-meow meow meow. Meoooow, meow meow meow.

"MEOW!" meowed Meow, "meow meow meow-meow, meow meow."

Meow meow meow, meow-meow meow meow. Meow, meow-meow meow meow. Meoooow meow, meow meow meow-meow.

Meow-meow! Meow meow meow, meow meow-meow. "Meow meow," meowed Meow, "meow-meow MEOW."

Meoooow meow, meow meow-meow. Meow meow meow meow, meow-meow meow. Meow meow meow, meow-meow meow.

"Meow meow-meow," meowed Meow, "meow meow meow."

"Meowww," meowed Meow, "meow-meow meow meow."

Meow meow meow meow...

Meow-meow meow meow. Meow meow, meow meow meow meow. Meooow meow, meow-meow meow. "MEOW?" meowed Meow. "Meow meow-meow."

Meow meow, meow-meow meow meow. Meoooow meow meow meow-meow. Meow meow meow, meow meow meow. Meoooow meow meow-meow.

"Meow meow," meowed Meow, "meow-meow meow meow."

Meoooow meow meow, meow meow meow. Meow meow meow meow, meow meow meow.

"Meow meow-meow," meowed Meow, "meow meow meow."

Meow meow meow. Meow meow meow meow. Meooow meow, meow meow meow-meow. Meow meow meow meow meow, meow-meow meow.

Meoww!

Chapter 8: Mmmmeow

Meow meow meow meow. Meooow meow, meow meow meow-meow. Meow meow meow, meow-meow meow. Meoooow meow meow, meow meow meow. Meow meow, meow-meow meow meow.

Meow-meow. Meow meow meow meow-meow. Meooow meow meow meow-meow. Meow meow meow, meow-meow meow meow. Meow meow meow, meow-meow meow.

"Meow-meow," meowed Meow, "meow meow meow."

Meoooow meow, meow meow-meow. Meow meow meow meow, meow-meow meow.

"Meow meow-meow," meowed Meow, "meow meow meow."

"Meowww," meowed Meow, "meow-meow meow meow."

Meow meow meow meow. Meow meow meow meow-meow. Meooow meow, meow meow meow-meow. Meow? Meow meeeow... Meow!

"Meow-meow, meow-meow meow," meowed Meow, "meow meow meow MEOW!"

"Meow-meow meow," meowed Meow, "meow meow meow."

MEOW-MEOW meow, meow meow-meow. Meow-meow, meow-meow meow meow. Meoooow, meow meow meow.

"MEOW!" meowed Meow, "meow meow meow-meow, meow meow."

Meow meow meow, meow-meow meow meow. Meow, meow-meow meow meow. Meoooow meow, meow meow meow-meow.

Meow-meow! Meow meow meow, meow meow-meow. "Meow meow," meowed Meow, "meow-meow MEOW."

Meoooow meow, meow meow-meow. Meow meow meow meow, meow-meow meow. Meow meow meow, meow-meow meow.

"Meow meow-meow," meowed Meow, "meow meow meow."

"Meowww," meowed Meow, "meow-meow meow meow."

Meow meow meow meow...

Meow-meow meow meow. Meow meow, meow meow meow meow. Meooow meow, meow-meow meow. "MEOW?" meowed Meow. "Meow meow-meow."

Meow meow, meow-meow meow meow. Meoooow meow meow meow-meow. Meow meow meow, meow meow meow. Meoooow meow meow-meow.

"Meow meow," meowed Meow, "meow-meow meow meow."

Meoooow meow meow, meow meow meow. Meow meow meow meow, meow meow meow.

"Meow meow-meow," meowed Meow, "meow meow meow."

Meow meow meow. Meow meow meow meow. Meooow meow, meow meow meow-meow. Meow meow meow meow meow, meow-meow meow.

Meow-meow meow meow, meow-meow meow. Meooow, meow meow meow. Meow meow meow meow, meow-meow meow meow. Meoooow meow, meow meow meow.

Meow meow meow, meow-meow meow meow. Meow, meow-meow meow meow. Meoooow meow, meow meow meow-meow.

Meow-meow meow, meow meow meow. MEOW! Meow meow meow, meow-meow meow.

Meoooow meow, meow meow-meow. Meow meow meow meow, meow-meow meow.

"Meow meow-meow," meowed Meow, "meow meow meow."

"Meowww," meowed Meow, "meow-meow meow meow."

Meow meow meow meow...

Meow meow meow, meow-meow meow meow. Meoooow meow meow meow-meow. Meow meow meow meow meow, meow-meow meow.

"Meow-meow meow meow," meowed Meow, "meow meow meow MEOW."

"Meow-meow meow," meowed Meow, "meow meow meow."

MEOW-MEOW meow, meow meow-meow. Meow-meow, meow-meow meow meow. Meoooow, meow meow meow.

"MEOW!" meowed Meow, "meow meow meow-meow, meow meow."

Meow meow meow, meow-meow meow meow. Meow, meow-meow meow meow. Meoooow meow, meow meow meow-meow.

Meow-meow! Meow meow meow, meow meow-meow. "Meow meow," meowed Meow, "meow-meow MEOW."

Meoooow meow, meow meow-meow. Meow meow meow meow, meow-meow meow. Meow meow meow, meow-meow meow.

"Meow meow-meow," meowed Meow, "meow meow meow."

"Meowww," meowed Meow, "meow-meow meow meow."

Meow meow meow meow...

Meow-meow meow meow. Meow meow, meow meow meow meow. Meooow meow, meow-meow meow. "MEOW?" meowed Meow. "Meow meow-meow."

Meow meow, meow-meow meow meow. Meoooow meow meow meow-meow. Meow meow meow, meow meow meow. Meoooow meow meow-meow.

"Meow meow," meowed Meow, "meow-meow meow meow."

Meoooow meow meow, meow meow meow. Meow meow meow meow, meow meow meow.

"Meow meow-meow," meowed Meow, "meow meow meow."

Meow meow meow. Meow meow meow meow. Meooow meow, meow meow meow-meow. Meow meow meow meow meow, meow-meow meow.

Meow-meow meow meow, meow-meow meow. Meooow, meow meow meow. Meow meow meow meow, meow-meow meow meow. Meoooow meow, meow meow meow.

Meow meow meow, meow-meow meow meow. Meow, meow-meow meow meow. Meoooow meow, meow meow meow-meow.

Meow-meow meow, meow meow meow. MEOW! Meow meow meow, meow-meow meow.

Meoooow meow, meow meow-meow. Meow meow meow meow, meow-meow meow.

"Meow meow-meow," meowed Meow, "meow meow meow."

"Meowww," meowed Meow, "meow-meow meow meow."

Meow meow meow meow...

Meow meow meow, meow-meow meow meow. Meoooow meow meow meow-meow. Meow meow meow meow meow, meow-meow meow.

Meow-meow meow meow, meow-meow meow. Meooow, meow meow meow. Meow meow meow meow, meow-meow meow meow. Meoooow meow, meow meow meow.

Meow meow meow, meow-meow meow meow. Meow, meow-meow meow meow. Meoooow meow, meow meow meow-meow.

Meow-meow meow, meow meow meow. MEOW! Meow meow meow, meow-meow meow.

Meoooow meow, meow meow-meow. Meow meow meow meow, meow-meow meow.

"Meow meow-meow," meowed Meow, "meow meow meow."

"Meowww," meowed Meow, "meow-meow meow meow."

Meow meow meow meow...

Meow meow meow, meow-meow meow meow.

Meow meow meow meow. Meooow meow, meow meow meow-meow. Meow meow meow, meow-meow meow. Meoooow meow meow, meow meow meow. Meow meow, meow-meow meow meow.

Meow-meow. Meow meow meow meow-meow. Meooow meow meow meow-meow. Meow meow meow, meow-meow meow meow. Meow meow meow, meow-meow meow.

"Meow-meow," meowed Meow, "meow meow meow."

Meoooow meow, meow meow-meow. Meow meow meow meow, meow-meow meow.

"Meow meow-meow," meowed Meow, "meow meow meow."

"Meowww," meowed Meow, "meow-meow meow meow."

Meow meow meow meow. Meow meow meow meow-meow. Meooow meow, meow meow meow-meow. Meow? Meow meeeow... Meow!

"Meow-meow, meow-meow meow," meowed Meow, "meow meow meow MEOW!"

"Meow-meow meow," meowed Meow, "meow meow meow."

MEOW-MEOW meow, meow meow-meow. Meow-meow, meow-meow meow meow. Meoooow, meow meow meow.

"MEOW!" meowed Meow, "meow meow meow-meow, meow meow."

Meow meow meow, meow-meow meow meow. Meow, meow-meow meow meow. Meoooow meow, meow meow meow-meow.

Meow-meow! Meow meow meow, meow meow-meow. "Meow meow," meowed Meow, "meow-meow MEOW."

Meoooow meow, meow meow-meow. Meow meow meow meow, meow-meow meow. Meow meow meow, meow-meow meow.

"Meow meow-meow," meowed Meow, "meow meow meow."

"Meowww," meowed Meow, "meow-meow meow meow."

Meow meow meow meow...

Meow-meow meow meow. Meow meow, meow meow meow meow. Meooow meow, meow-meow meow. "MEOW?" meowed Meow. "Meow meow-meow."

Meow meow, meow-meow meow meow. Meoooow meow meow meow-meow. Meow meow meow, meow meow meow. Meoooow meow meow-meow.

"Meow meow," meowed Meow, "meow-meow meow meow."

Meooooow meow meow, meow meow meow. Meow meow meow meow, meow meow meow.

"Meow meow-meow," meowed Meow, "meow meow meow."

Meow meow meow. Meow meow meow meow. Meooow meow, meow meow meow-meow. Meow meow meow meow meow, meow-meow meow.

Meow-meow meow meow, meow-meow meow. Meooow, meow meow meow. Meow meow meow meow, meow-meow meow meow. Meooooow meow, meow meow meow.

Meow meow meow, meow-meow meow meow. Meow, meow-meow meow meow. Meooooow meow, meow meow meow-meow.

Meow-meow meow, meow meow meow. MEOW! Meow meow meow, meow-meow meow.

Meooooow meow, meow meow-meow. Meow meow meow meow, meow-meow meow.

"Meow meow-meow," meowed Meow, "meow meow meow."

"Meowww," meowed Meow, "meow-meow meow meow."

Meow meow meow meow...

Meow meow meow, meow-meow meow meow. Meooooow meow meow meow-meow. Meow meow meow meow meow, meow-meow meow.

"Meow-meow meow meow," meowed Meow, "meow meow meow MEOW."

"Meow-meow meow," meowed Meow, "meow meow meow."

MEOW-MEOW meow, meow meow-meow. Meow-meow, meow-meow meow meow. Meoooow, meow meow meow.

"MEOW!" meowed Meow, "meow meow meow-meow, meow meow."

Meow meow meow, meow-meow meow meow. Meow, meow-meow meow meow. Meoooow meow, meow meow meow-meow.

Meow-meow! Meow meow meow, meow meow-meow. "Meow meow," meowed Meow, "meow-meow MEOW."

Meoooow meow, meow meow-meow. Meow meow meow meow, meow-meow meow. Meow meow meow, meow-meow meow.

"Meow meow-meow," meowed Meow, "meow meow meow."

"Meowww," meowed Meow, "meow-meow meow meow."

Meow meow meow meow...

Meow-meow meow meow. Meow meow, meow meow meow meow. Meooow meow, meow-meow meow. "MEOW?" meowed Meow. "Meow meow-meow."

Meow meow, meow-meow meow meow. Meoooow meow meow meow-meow. Meow meow meow, meow meow meow. Meoooow meow meow-meow.

"Meow meow," meowed Meow, "meow-meow meow meow."

Meoooow meow meow, meow meow meow. Meow meow meow meow, meow meow meow.

"Meow meow-meow," meowed Meow, "meow meow meow."

Meow meow meow. Meow meow meow meow. Meooow meow, meow meow meow-meow. Meow meow meow meow meow, meow-meow meow.

Meow-meow meow meow, meow-meow meow. Meooow, meow meow meow. Meow meow meow meow, meow-meow meow meow. Meoooow meow, meow meow meow.

Meow meow meow, meow-meow meow meow. Meow, meow-meow meow meow. Meoooow meow, meow meow meow-meow.

Meow-meow meow, meow meow meow. MEOW! Meow meow meow, meow-meow meow.

Meoooow meow, meow meow-meow. Meow meow meow meow, meow-meow meow.

"Meow meow-meow," meowed Meow, "meow meow meow."

"Meowww," meowed Meow, "meow-meow meow meow."

Meow meow meow meow...

Meow meow meow, meow-meow meow meow. Meoooow meow meow meow-meow. Meow meow meow meow meow, meow-meow meow.

Meow-meow meow meow, meow-meow meow. Meooow, meow meow meow. Meow meow meow meow, meow-meow meow meow. Meoooow meow, meow meow meow.

Meow meow meow, meow-meow meow meow. Meow, meow-meow meow meow. Meoooow meow, meow meow meow-meow.

Meow-meow meow, meow meow meow. MEOW! Meow meow meow, meow-meow meow.

Meoooow meow, meow meow-meow. Meow meow meow meow, meow-meow meow.

"Meow meow-meow," meowed Meow, "meow meow meow."

"Meowww," meowed Meow, "meow-meow meow meow." Meow meow meow meow. Meooow meow, meow meow meow-meow. Meow meow meow, meow-meow meow. Meoooow meow meow, meow meow meow. Meow meow, meow-meow meow meow.

Meow-meow. Meow meow meow meow-meow. Meooow meow meow meow-meow. Meow meow meow, meow-meow meow meow. Meow meow meow, meow-meow meow.

"Meow-meow," meowed Meow, "meow meow meow."

Meoooow meow, meow meow-meow. Meow meow meow meow, meow-meow meow.

"Meow meow-meow," meowed Meow, "meow meow meow."

"Meowww," meowed Meow, "meow-meow meow meow."

Meow meow meow meow. Meow meow meow meow-meow. Meooow meow, meow meow meow-meow. Meow? Meow meeeow... Meow!

"Meow-meow, meow-meow meow," meowed Meow, "meow meow meow MEOW!"

"Meow-meow meow," meowed Meow, "meow meow meow."

MEOW-MEOW meow, meow meow-meow. Meow-meow, meow-meow meow meow. Meoooow, meow meow meow.

"MEOW!" meowed Meow, "meow meow meow-meow, meow meow."

Meow meow meow, meow-meow meow meow. Meow, meow-meow meow meow. Meoooow meow, meow meow meow-meow.

Meow-meow! Meow meow meow, meow meow-meow. "Meow meow," meowed Meow, "meow-meow MEOW."

Meoooow meow, meow meow-meow. Meow meow meow meow, meow-meow meow. Meow meow meow, meow-meow meow.

"Meow meow-meow," meowed Meow, "meow meow meow."

"Meowww," meowed Meow, "meow-meow meow meow."

Meow meow meow meow...

Meow-meow meow meow. Meow meow, meow meow meow meow. Meooow meow, meow-meow meow. "MEOW?" meowed Meow. "Meow meow-meow."

Meow meow, meow-meow meow meow. Meooow meow meow meow-meow. Meow meow meow, meow meow meow. Meooow meow meow-meow.

"Meow meow," meowed Meow, "meow-meow meow meow."

Meooow meow meow, meow meow meow. Meow meow meow meow, meow meow meow.

"Meow meow-meow," meowed Meow, "meow meow meow."

Meow meow meow. Meow meow meow meow. Meooow meow, meow meow meow-meow. Meow meow meow meow meow, meow-meow meow.

Meow-meow meow meow, meow-meow meow. Meooow, meow meow meow. Meow meow meow meow, meow-meow meow meow. Meooow meow, meow meow meow.

Meow meow meow, meow-meow meow meow. Meow, meow-meow meow meow. Meooow meow, meow meow meow-meow.

Meow-meow meow, meow meow meow. MEOW! Meow meow meow, meow-meow meow.

Meooow meow, meow meow-meow. Meow meow meow meow, meow-meow meow.

"Meow meow-meow," meowed Meow, "meow meow meow."

"Meowww," meowed Meow, "meow-meow meow meow."

Meow meow meow meow...

Meow meow meow, meow-meow meow meow. Meoooow meow meow meow-meow. Meow meow meow meow meow, meow-meow meow.

"Meow-meow meow meow," meowed Meow, "meow meow meow MEOW."

"Meow-meow meow," meowed Meow, "meow meow meow."

MEOW-MEOW meow, meow meow-meow. Meow-meow, meow-meow meow meow. Meoooow, meow meow meow.

"MEOW!" meowed Meow, "meow meow meow-meow, meow meow."

Meow meow meow, meow-meow meow meow. Meow, meow-meow meow meow. Meoooow meow, meow meow meow-meow.

Meow-meow! Meow meow meow, meow meow-meow. "Meow meow," meowed Meow, "meow-meow MEOW."

Meoooow meow, meow meow-meow. Meow meow meow meow, meow-meow meow. Meow meow meow, meow-meow meow.

"Meow meow-meow," meowed Meow, "meow meow meow."

"Meowww," meowed Meow, "meow-meow meow meow."

Meow meow meow meow...

Meow-meow meow meow. Meow meow, meow meow meow meow. Meooow meow, meow-meow meow. "MEOW?" meowed Meow. "Meow meow-meow."

Meow meow, meow-meow meow meow. Meoooow meow meow meow-meow. Meow meow meow, meow meow meow. Meoooow meow meow-meow.

"Meow meow," meowed Meow, "meow-meow meow meow."

Meoooow meow meow, meow meow meow. Meow meow meow meow, meow meow meow.

"Meow meow-meow," meowed Meow, "meow meow meow."

Meow meow meow. Meow meow meow meow. Meooow meow, meow meow meow-meow. Meow meow meow meow meow, meow-meow meow.

Meow-meow meow meow, meow-meow meow. Meooow, meow meow meow. Meow meow meow meow, meow-meow meow meow. Meoooow meow, meow meow meow.

Meow meow meow, meow-meow meow meow. Meow, meow-meow meow meow. Meoooow meow, meow meow meow-meow.

Meow-meow meow, meow meow meow. MEOW! Meow meow meow, meow-meow meow.

Meoooow meow, meow meow-meow. Meow meow meow meow, meow-meow meow.

"Meow meow-meow," meowed Meow, "meow meow meow."

"Meowww," meowed Meow, "meow-meow meow meow."

Meow meow meow meow...

Meow meow meow, meow-meow meow meow. Meoooow meow meow meow-meow. Meow meow meow meow meow, meow-meow meow.

Meow-meow meow meow, meow-meow meow. Meooow, meow meow meow. Meow meow meow meow, meow-meow meow meow. Meoooow meow, meow meow meow.

Meow meow meow, meow-meow meow meow. Meow, meow-meow meow meow. Meoooow meow, meow meow meow-meow.

Meow-meow meow, meow meow meow. MEOW! Meow meow meow, meow-meow meow.

Meoooow meow, meow meow-meow. Meow meow meow meow, meow-meow meow.

"Meow meow-meow," meowed Meow, "meow meow meow."

Chapter 9: Meow-meow Meow!

Meow meow meow meow. Meooow meow, meow meow meow-meow. Meow meow meow, meow-meow meow. Meoooow meow meow, meow meow meow. Meow meow, meow-meow meow meow.

Meow-meow. Meow meow meow meow-meow. Meooow meow meow meow-meow. Meow meow meow, meow-meow meow meow. Meow meow meow, meow-meow meow.

"Meow-meow," meowed Meow, "meow meow meow."

Meoooow meow, meow meow-meow. Meow meow meow meow, meow-meow meow.

"Meow meow-meow," meowed Meow, "meow meow meow."

"Meowww," meowed Meow, "meow-meow meow meow."

Meow meow meow meow. Meow meow meow meow-meow. Meooow meow, meow meow meow-meow. Meow? Meow meeeow... Meow!

"Meow-meow, meow-meow meow," meowed Meow, "meow meow meow MEOW!"

"Meow-meow meow," meowed Meow, "meow meow meow."

MEOW-MEOW meow, meow meow-meow. Meow-meow, meow-meow meow meow. Meoooow, meow meow meow.

"MEOW!" meowed Meow, "meow meow meow-meow, meow meow."

Meow meow meow, meow-meow meow meow. Meow, meow-meow meow meow. Meooow meow, meow meow meow-meow.

Meow-meow! Meow meow meow, meow meow-meow. "Meow meow," meowed Meow, "meow-meow MEOW."

Meooow meow, meow meow-meow. Meow meow meow meow, meow-meow meow. Meow meow meow, meow-meow meow.

"Meow meow-meow," meowed Meow, "meow meow meow."

"Meowww," meowed Meow, "meow-meow meow meow."

Meow meow meow meow...

Meow-meow meow meow. Meow meow, meow meow meow meow. Meooow meow, meow-meow meow. "MEOW?" meowed Meow. "Meow meow-meow."

Meow meow, meow-meow meow meow. Meooow meow meow meow-meow. Meow meow meow, meow meow meow. Meooow meow meow-meow.

"Meow meow," meowed Meow, "meow-meow meow meow."

Meooow meow meow, meow meow meow. Meow meow meow meow, meow meow meow.

"Meow meow-meow," meowed Meow, "meow meow meow."

Meow meow meow. Meow meow meow meow. Meooow meow, meow meow meow-meow. Meow meow meow meow meow, meow-meow meow.

Meow-meow meow meow, meow-meow meow. Meooow, meow meow meow. Meow meow meow meow, meow-meow meow meow. Meoooow meow, meow meow meow.

Meow meow meow, meow-meow meow meow. Meow, meow-meow meow meow. Meoooow meow, meow meow meow-meow.

Meow-meow meow, meow meow meow. MEOW! Meow meow meow, meow-meow meow.

Meoooow meow, meow meow-meow. Meow meow meow meow, meow-meow meow.

"Meow meow-meow," meowed Meow, "meow meow meow."

"Meowww," meowed Meow, "meow-meow meow meow."

Meow meow meow meow...

Meow meow meow, meow-meow meow meow. Meoooow meow meow meow-meow. Meow meow meow meow meow, meow-meow meow.

"Meow-meow meow meow," meowed Meow, "meow meow meow MEOW."

"Meow-meow meow," meowed Meow, "meow meow meow."

MEOW-MEOW meow, meow meow-meow. Meow-meow, meow-meow meow meow. Meoooow, meow meow meow.

"MEOW!" meowed Meow, "meow meow meow-meow, meow meow."

Meow meow meow, meow-meow meow meow. Meow, meow-meow meow meow. Meoooow meow, meow meow meow-meow.

Meow-meow! Meow meow meow, meow meow-meow. "Meow meow," meowed Meow, "meow-meow MEOW."

Meoooow meow, meow meow-meow. Meow meow meow meow, meow-meow meow. Meow meow meow, meow-meow meow.

"Meow meow-meow," meowed Meow, "meow meow meow."

"Meowww," meowed Meow, "meow-meow meow meow."

Meow meow meow meow...

Meow-meow meow meow. Meow meow, meow meow meow meow. Meooow meow, meow-meow meow. "MEOW?" meowed Meow. "Meow meow-meow."

Meow meow, meow-meow meow meow. Meoooow meow meow meow-meow. Meow meow meow, meow meow meow. Meoooow meow meow-meow.

"Meow meow," meowed Meow, "meow-meow meow meow."

Meoooow meow meow, meow meow meow. Meow meow meow meow, meow meow meow.

"Meow meow-meow," meowed Meow, "meow meow meow."

Meow meow meow. Meow meow meow meow. Meooow meow, meow meow meow-meow. Meow meow meow meow meow, meow-meow meow.

Meow-meow meow meow, meow-meow meow. Meooow, meow meow meow. Meow meow meow meow, meow-meow meow meow. Meoooow meow, meow meow meow.

Meow meow meow, meow-meow meow meow. Meow, meow-meow meow meow. Meoooow meow, meow meow meow-meow.

Meow-meow meow, meow meow meow. MEOW! Meow meow meow, meow-meow meow.

Meoooow meow, meow meow-meow. Meow meow meow meow, meow-meow meow.

"Meow meow-meow," meowed Meow, "meow meow meow."

"Meowww," meowed Meow, "meow-meow meow meow."

Meow meow meow meow...

Meow meow meow, meow-meow meow meow. Meoooow meow meow meow-meow. Meow meow meow meow meow, meow-meow meow.

Meow-meow meow meow, meow-meow meow. Meooow, meow meow meow. Meow meow meow meow, meow-meow meow meow. Meoooow meow, meow meow meow.

Meow meow meow, meow-meow meow meow. Meow, meow-meow meow meow. Meoooow meow, meow meow meow-meow.

Meow-meow meow, meow meow meow. MEOW! Meow meow meow, meow-meow meow.

Meoooow meow, meow meow-meow. Meow meow meow meow, meow-meow meow.

"Meow meow-meow," meowed Meow, "meow meow meow."

"Meowww," meowed Meow, "meow-meow meow meow."

Meow meow meow meow...

Meow meow meow, meow-meow meow meow. Meow meow meow meow. Meooow meow, meow meow meow-meow. Meow meow meow, meow-meow meow. Meoooow meow meow, meow meow meow. Meow meow, meow-meow meow meow.

Meow-meow. Meow meow meow meow-meow. Meooow meow meow meow-meow. Meow meow meow, meow-meow meow meow. Meow meow meow, meow-meow meow.

"Meow-meow," meowed Meow, "meow meow meow."

Meoooow meow, meow meow-meow. Meow meow meow meow, meow-meow meow.

"Meow meow-meow," meowed Meow, "meow meow meow."

"Meowww," meowed Meow, "meow-meow meow meow."

Meow meow meow meow. Meow meow meow meow-meow. Meooow meow, meow meow meow-meow. Meow? Meow meeeow... Meow!

"Meow-meow, meow-meow meow," meowed Meow, "meow meow meow MEOW!"

"Meow-meow meow," meowed Meow, "meow meow meow."

MEOW-MEOW meow, meow meow-meow. Meow-meow, meow-meow meow meow. Meoooow, meow meow meow.

"MEOW!" meowed Meow, "meow meow meow-meow, meow meow."

Meow meow meow, meow-meow meow meow. Meow, meow-meow meow meow. Meoooow meow, meow meow meow-meow.

Meow-meow! Meow meow meow, meow meow-meow. "Meow meow," meowed Meow, "meow-meow MEOW."

Meoooow meow, meow meow-meow. Meow meow meow meow, meow-meow meow. Meow meow meow, meow-meow meow.

"Meow meow-meow," meowed Meow, "meow meow meow."

"Meowww," meowed Meow, "meow-meow meow meow."

Meow meow meow meow...

Meow-meow meow meow. Meow meow, meow meow meow meow. Meooow meow, meow-meow meow. "MEOW?" meowed Meow. "Meow meow-meow."

Meow meow, meow-meow meow meow. Meoooow meow meow meow-meow. Meow meow meow, meow meow meow. Meoooow meow meow-meow.

"Meow meow," meowed Meow, "meow-meow meow meow."

Meoooow meow meow, meow meow meow. Meow meow meow meow, meow meow meow.

"Meow meow-meow," meowed Meow, "meow meow meow."

Meow meow meow. Meow meow meow meow. Meooow meow, meow meow meow-meow. Meow meow meow meow meow, meow-meow meow.

Meow-meow meow meow, meow-meow meow. Meooow, meow meow meow. Meow meow meow meow, meow-meow meow meow. Meoooow meow, meow meow meow.

Meow meow meow, meow-meow meow meow. Meow, meow-meow meow meow. Meoooow meow, meow meow meow-meow.

Meow-meow meow, meow meow meow. MEOW! Meow meow meow, meow-meow meow.

Meoooow meow, meow meow-meow. Meow meow meow meow, meow-meow meow.

"Meow meow-meow," meowed Meow, "meow meow meow."

"Meowww," meowed Meow, "meow-meow meow meow."

Meow meow meow meow...

Meow meow meow, meow-meow meow meow. Meoooow meow meow meow-meow. Meow meow meow meow meow, meow-meow meow.

"Meow-meow meow meow," meowed Meow, "meow meow meow MEOW."

"Meow-meow meow," meowed Meow, "meow meow meow."

MEOW-MEOW meow, meow meow-meow. Meow-meow, meow-meow meow meow. Meoooow, meow meow meow.

"MEOW!" meowed Meow, "meow meow meow-meow, meow meow."

Meow meow meow, meow-meow meow meow. Meow, meow-meow meow meow. Meoooow meow, meow meow meow-meow.

Meow-meow! Meow meow meow, meow meow-meow. "Meow meow," meowed Meow, "meow-meow MEOW."

Meoooow meow, meow meow-meow. Meow meow meow meow, meow-meow meow. Meow meow meow, meow-meow meow.

"Meow meow-meow," meowed Meow, "meow meow meow."

"Meowww," meowed Meow, "meow-meow meow meow."

Meow meow meow meow...

Meow-meow meow meow. Meow meow, meow meow meow meow. Meooow meow, meow-meow meow. "MEOW?" meowed Meow. "Meow meow-meow."

Meow meow, meow-meow meow meow. Meoooow meow meow meow-meow. Meow meow meow, meow meow meow. Meoooow meow meow-meow.

"Meow meow," meowed Meow, "meow-meow meow meow."

Meoooow meow meow, meow meow meow. Meow meow meow meow, meow meow meow.

"Meow meow-meow," meowed Meow, "meow meow meow."

Meow meow meow. Meow meow meow meow. Meooow meow, meow meow meow-meow. Meow meow meow meow meow, meow-meow meow.

Meow-meow meow meow, meow-meow meow. Meooow, meow meow meow. Meow meow meow meow, meow-meow meow meow. Meoooow meow, meow meow meow.

Meow meow meow, meow-meow meow meow. Meow, meow-meow meow meow. Meoooow meow, meow meow meow-meow.

Meow-meow meow, meow meow meow. MEOW! Meow meow meow, meow-meow meow.

Meoooow meow, meow meow-meow. Meow meow meow meow, meow-meow meow.

"Meow meow-meow," meowed Meow, "meow meow meow."

"Meowww," meowed Meow, "meow-meow meow meow."

Meow meow meow meow...

Meow meow meow, meow-meow meow meow. Meoooow meow meow meow-meow. Meow meow meow meow meow, meow-meow meow.

Meow-meow meow meow, meow-meow meow. Meooow, meow meow meow. Meow meow meow meow, meow-meow meow meow. Meoooow meow, meow meow meow.

Meow meow meow, meow-meow meow meow. Meow, meow-meow meow meow. Meoooow meow, meow meow meow-meow.

Meow-meow meow, meow meow meow. MEOW! Meow meow meow, meow-meow meow.

Meoooow meow, meow meow-meow. Meow meow meow meow, meow-meow meow.

"Meow meow-meow," meowed Meow, "meow meow meow."

"Meowww," meowed Meow, "meow-meow meow meow."

Meow meow meow meow...

Meow meow meow, meow-meow meow meow.

Meow meow.

Bluesource And Friends

This book is brought to you by Bluesource And Friends, a happy book publishing company.

Our motto is **"Happiness Within Pages"**

We promise to deliver amazing value to readers with our books.

We also appreciate honest book reviews from our readers.

Connect with us on our Facebook page www.facebook.com/bluesourceandfriends and stay tuned to our latest book promotions and free giveaways.

Printed in Great Britain
by Amazon

45835850R00067